Marian Brehmer

Der Schatz unter den Ruinen

Marian Brehmer

Der Schatz unter den Ruinen

Meine Reisen mit Rumi zu den Quellen der Weisheit

HERDER

FREIBURG · BASEL · WIEN

MIX
Papier aus verantwortungsvollen Quellen
FSC® C014496

www.herder.de

Karte: Peter Palm, Berlin
Satz: ZeroSoft, Timisoara
Herstellung: GGP Media GmbH, Pößneck

Printed in Germany

ISBN Print 978-3-451-37516-3
ISBN E-Book (EPUB) 978-3-451-82732-7

Inhalt

Vorwort **7**

1. Geh über die Form hinaus

Afghanistan **15**

Balch, Mai 2019 15

Kabul, Januar 2020 32

Epilog 56

2. Ein Laden der Einheit

Iran **59**

Teheran, Januar 2014 59

Torbat-e Dscham, März 2019 64

Neyschapur, April 2019 93

Teheran, Januar 2017 108

3. Mit der Sprache des Herzens

Syrien **119**

Aleppo, Juli 2009 124

Epilog 132

4. Ein Schüler der Liebe

Konya **137**

Konya, Dezember 2017 137

5. Eigne dir den Durst an

Istanbul **169**

Beykoz, Dezember 2019 169

Üsküdar, Mai 2020 182

Danksagungen **189**

Quellen der zitierten Verse **191**

Karte **192**

Vorwort

Das erste Mal, als ich unter Sufis lebte, wusste ich kaum etwas von Rumi. Ich war Gast in einer osmanischen Moschee, die versteckt in einer Seitengasse im Souk von Aleppo lag. Mir war nicht bewusst, dass acht Jahrhunderte vor mir in dieser Nachbarschaft der größte Mystiker des Islam seine Zelte aufgeschlagen hatte. Zwei Sommer später verwandelte der Bürgerkrieg das alte Aleppo in Ruinen. Das Gotteshaus, in dem ich mit den Sufis gegessen und gebetet hatte, war nur noch ein Haufen Schutt und Trümmer. Doch in mir trug ich einen Schatz an Erfahrungen, die mein Leben verändern sollten.

Gerne hole ich die Erinnerungen an die Anfänge meiner Erkundung des spirituellen Islam hervor. Wenn ich fortan ein muslimisches Land bereiste, suchte ich zuerst nach den Sufis, zu denen ich mich hingezogen und dann zunehmend zugehörig fühlte. Nicht nur Syrien gab mir das Gefühl, ein Schatzsucher unter Ruinen zu sein. Das oft vermittelte Bild, das goldene Zeitalter des Islam sei längst vorüber, verbunden mit den Nachrichten über das tagespolitische Chaos im Mittleren Osten ließ in mir mitunter den Eindruck aufkommen, dass ich in den Ruinen einer Hochkultur nach etwas Vergangenem grabe.

Die Metapher vom Schatz unter der Ruine ist eines der Lieblingsbilder in Rumis Dichtung. Sie ist aus dem Leben gegriffen, denn im Mittelalter wurden Reichtümer oft dort versteckt, wo sie kein Dieb vermuten mochte, etwa unter den Überbleibseln verfallener Häuser. Genauso, erläutert

Rumi, ist es mit dem Schatz in uns: Alle Reichtümer und Freuden, nach denen wir im Außen suchen, sind bereits in uns angelegt. Doch wir vermuten sie woanders. In unserer Ahnungslosigkeit sind wir es gewohnt, statt in uns zu buddeln mit einer Bettelschale durch das Leben zu gehen. Rumi fordert uns auf, das „Haus" unserer Gelüste, Gedanken und Gewohnheiten abzureißen und den Schatz, der unter der Ruine zum Vorschein kommt, endlich auszugraben.

Die Weisheit Rumis ist in der englischsprachigen Welt inzwischen so berühmt, dass sich Brad Pitt einen Rumi-Spruch auf den Bizeps tätowieren ließ und Beyoncé einen ihrer Zwillinge Rumi nannte. Allerdings sind die meisten der Verse, die in den letzten Jahren im Westen populär wurden, nicht direkt aus dem Persischen übertragen, sondern Versionen, die auf akademischen Übersetzungen aus dem frühen 20. Jahrhundert basieren. Moderne Rumi-Zitate sind häufig ihrer islamischen Symbolik entledigt. Rumi wurde damit zwar bei einem Riesenpublikum bekannt, verlor jedoch seine spirituellen Wurzeln. Jeder, der sich näher mit Rumi auseinandersetzt, wird schnell erkennen, dass die austauschbaren New-Age-Aphorismen, die heute millionenfach auf Facebook-Wänden unter Rumis Namen kursieren, wenig mit ihrem eigentlichen Urheber zu tun haben.

Das Problem mit der Entislamisierung von Rumi ist, dass wir dem Islam absprechen, jemanden wie Rumi hervorgebracht zu haben. Wir können Rumi nicht in Einklang bringen mit unseren tendenziösen Zerrbildern des Islam, die auf fataler Unkenntnis beruhen. Indem wir ihn zu einem säkularen Humanisten erklären, verschleiern wir den Blick auf den echten Rumi und verbauen uns einen tieferen Zugang zu seinen Lehren, die bis heute von großer Relevanz sind.

Gleichzeitig nehmen wir uns die Chance, einen anderen Islam zu entdecken.

Wer war Dschalaluddin Rumi, und was bedeutet er den Menschen im Herzen der islamischen Welt? Über einen Zeitraum von zehn Jahren bin ich in den Spuren von Rumi durch Afghanistan, Iran, Syrien und die Türkei gereist. Dabei lernte ich – mit Rumi als meinem inneren und äußeren Reiseführer – zwischen Kabul und Istanbul eine Geografie kennen, die mir immer mehr zur Heimat wurde.

Den Orten, die ich bereist habe, ist gemein, dass sie bei uns fast ausschließlich schlechte Presse erhalten. Afghanistan verbinden wir seit der erneuten Machtübernahme der Taliban einmal mehr mit Steinzeitfanatismus, Iran mit einem Mullah-Regime, Syrien mit einem fürchterlichen Bürgerkrieg und die Türkei mit dem ungeliebten Erdoğan. Doch so viel Schönes entgeht uns, wenn wir diese Orte nur auf ein paar politische Versatzstücke reduzieren.

Die vier Länder, in denen Rumi geboren, gereist und gereift ist, gehören zu den drei wichtigsten islamischen Kulturräumen – dem persischen, türkischen und arabischen. Über Jahrhunderte waren diese drei Räume eng miteinander verwoben. Sie sind die Heimat einer islamischen Hochkultur, deren spiritueller Nährboden der Sufismus ist. Auf meiner Suche nach Rumi ließ ich mich von der Frage leiten, wie viel von dieser spirituellen Kultur in unserer Zeit noch übrig ist.

Rumi, der in der persischen Welt unter seinem Ehrentitel „Molānā“ oder, türkisch ausgesprochen „Mevlana“ – das bedeutet „unser Meister“ – bekannt ist, kam Anfang des 13. Jahrhunderts in der zentralasiatischen Region Chorasan zur Welt, die lange eine Wiege der Sufi-Gelehrsamkeit war.

Dem Sufitum als Mystik des Islam liegt ein Religionsverständnis zugrunde, das der inneren Entwicklung des Menschen Vorrang einräumt. Sufis entwarfen seit den frühen Jahrhunderten des Islam ausgefeilte Erziehungssysteme, um den Menschen näher zu sich selbst und damit näher zu Gott zu führen – so wie es in einem berühmten Ausspruch des Propheten Mohammed heißt: *Wer sich selbst kennt, der kennt seinen Gott.*

Rumi vergleicht die Transformation des Menschen mit der Alchemie, jener alten Wissenschaft der Verwandlung von unedlen Metallen in Gold. Zunächst lernt der Alchemielehrling die Theorie des Handwerks von seinem Lehrer oder aus einem Buch. Dieses theoretische Wissen gleicht den Gesetzen der Religion. Doch die eigentliche Anwendung der Theorien im echten Leben findet erst in der Alchemiewerkstatt, auf dem mystischen Pfad, statt. Nicht allein mit religiösen Dogmen und Exerzitien, sondern über spirituelle Erfahrung und eine ins Leben integrierte Mystik kann das Basismetall in unserem Inneren zu Gold werden.

Rumis gesamtes Werk hat letztlich diese Transformation zum Ziel. Jeder Vers soll dem Menschen Gott ins Gedächtnis rufen. Im Zentrum von Rumis Lehre liegt das islamische Einheitsprinzip, das *tauhid.* Immer wieder erinnert uns Rumi an die Einheit in der Vielfalt; daran, dass jegliche Unterschiede zwischen den Menschen, etwa in Form von Religion, Sprache oder Ethnie, letztlich Manifestationen einer untrennbaren, allem zugrunde liegenden Realität sind.

Daraus ergibt sich nicht nur ein natürlicher Respekt für jegliche Glaubensformen, sondern ein existenzielles Mitgefühl allen Menschen gegenüber. Wenn wir diese Einheit nicht wahrnehmen können, erklärt Rumi, liegt das an unserer mangelhaften Sehfähigkeit. In der Tat „schielen" wir die meiste Zeit, das heißt wir sehen zwei, wo in Wirklichkeit nur eins besteht.

Die Tatsache, dass Rumi ein tolerantes, offenes Weltbild besaß, sollte uns aber nicht zu dem Schluss führen, dass er seine Religion gegen eine seichte Esoterik eintauschte. Rumi gelangte zu seiner geistigen Größe nicht, indem er den Islam zurückließ, sondern indem er sich in ihn vertiefte. Er ging der inneren Bedeutung seines Glaubens auf den tiefsten Grund.

Wie alle islamischen Kunstformen entwickelte sich auch die Sufi-Dichtung, eines der reichsten Genres spiritueller Literatur, auf Grundlage des Koran. Die sprachliche Ästhetik des heiligen Buches diente Muslimen als Beweis für dessen göttliche Herkunft. Schließlich gilt der Koran als direkte Offenbarung Gottes.

Die persische Sprache eignete sich besonders für spirituelle Dichtung, mit der Mystiker ihre unaussprechlichen Erfahrungen in Worte zu fassen versuchten – sie ist schön, bilderreich, flexibel und äußerst musikalisch. So haben Persischsprechende bis heute Zugang zu einer riesigen Sammlung mystischer Poesie, die ab dem elften Jahrhundert aus der fruchtbaren Heirat des altpersischen Erbes mit dem spirituellen Impuls des Islam entstand.

Rumi dichtete über sechzigtausend Verse, allerdings erst in seiner zweiten Lebenshälfte. Um zum beseelten, erleuchteten Dichter zu werden, musste er zunächst vierzig Lebensjahre lang reifen. Rumi spricht von diesem Reifeprozess als innerer Reise, die zurückführt zu jener Quelle, nach der sich jeder Mensch sehnt.

Es ist dieses Sehnen, das mich auf Rumis Spuren reisen lassen hat. In manchen der Gesellschaften, die ich besuchte, wird Rumi weiterhin von Millionen zelebriert, in anderen ist von ihm nur noch eine vage Erinnerung übrig. Zu sehr wird das Leben vieler Menschen heute von den Mühlen eines globalisierten Kapitalismus bestimmt, als dass sie sich in die Werke eines Mystikers vertiefen würden – oder sie leiden unter den Folgen von Armut und Krieg, die weite Teile der Region im Griff halten.

Auch Rumi lebte in unsicheren Zeiten. Wenige Jahre, nachdem er mit der Familie seine Heimatregion Balch im heutigen Afghanistan verließ, fielen dort die Mongolen ein und rotteten die Kulturen und Bevölkerungen ganzer Landstriche aus. Krieg, Gewalt, Fanatismus und Machtbesessenheit gab es also bereits zu Rumis Zeiten. Schon deshalb sind die Antworten, die Rumi auf die größten Probleme der menschlichen Existenz findet, zeitlos.

Ungeachtet aller schmerzlichen Verluste existieren jedoch auch heute noch Menschen, die bewusst dem Ruf ihrer Seele folgen und unter Rumis Anleitung in sich graben. Von Begegnungen mit solchen Sinnsuchern und Weisheitshütern handelt dieses Buch.

Der Aufbau des Buches folgt chronologisch den Stationen in Rumis Leben, denen ich zwischen 2009 und 2020 nachgereist bin. Dabei springe ich in meinem Erleben zwischen den Jahren; Rumis Biografie jedoch – von seiner Kindheit bis in die Todesnacht – zieht sich wie ein roter Faden durch die Kapitel. Eine Ausnahme ist das fünfte Kapitel, das von einer Stadt erzählt, in der Rumi nie gewesen ist, wo aber sein Erbe bis in die Gegenwart bewahrt wird, meiner Wahlheimat Istanbul.

Trotz ungenauer Datierungen und einer Vermischung von Realität und Heiligenmythos – etwa im Werk von Ahmad Aflaki, Rumis bekanntem Chronisten – habe ich versucht, Rumis Leben so klar wie möglich nachzuerzählen. Ich orientiere mich dabei an Franklin Lewis' Studie *Rumi – Past and Present, East and West* (2000), die wichtige Standards in der Rumi-Forschung gesetzt hat.

Doch vielleicht können wir die Fragezeichen in Rumis Biografie auch als Einladung verstehen, nicht auf der Ebene von Fakten stehen zu bleiben, sondern unsere Aufmerksamkeit auf den spirituellen Rumi zu lenken. Der wiederum lädt uns immer wieder ein, unseren hochmütigen Verstand gegen Verwirrung einzutauschen. Denn nur wer verwirrt ist, macht sich auf die Suche nach jener Klarheit und jenem Frieden, die allein aus unserem inneren Schatz entspringen können:

> *Verkauf deine Klugheit und kaufe Verwirrung! Klugheit ist Meinung, doch Verwirrung ist Vision.*

* * *

Anmerkung zum Text:
Bei der Umschrift von Fachbegriffen sowie Orts- und Personennamen aus dem Persischen, Arabischen und Türkischen habe ich in der Regel versucht, jene Variante zu wählen, die einer deutschen Schreibweise am nächsten kommt.

1. Geh über die Form hinaus
Afghanistan

Jeder, der seinem Ursprung entrissen wurde, sehnt sich die Zeit zurück, in der er mit ihm vereint war.

Balch, Mai 2019

Kaum zu glauben, dass hier einmal eines der wichtigsten Kulturzentren des islamischen Mittelalters gestanden haben soll. Mein erster Eindruck vom Landkreis Balch ist der einer monotonen Einöde, die von der Morgensonne in ein warmes Gelb getaucht wird. Am Horizont kann ich die letzten Ausläufer des Hindukusch ausmachen. Jungen in Pluderhosen und knielangen Hemden sammeln Weizenähren von staubigen Feldern auf, um sie hinterher zu Bündeln zusammenzubinden. Hin und wieder knattert eine weiße Rikscha, bis an den Rand mit Passagieren beladen, über den Asphalt. Pritschenwagen, die Berge von aneinandergeschnürten Plastikkanistern transportieren, rauschen vorbei.

Es geht durch ein neu errichtetes Betontor, dekoriert mit der Aufschrift: „Das glänzende Balch ist der Geburtsort von Moulawi – der Ort, an dem einhundert spirituelle Sonnen aufgehen.“ Unter dem Spruch stehen zwei Männer in Militärkluft. Maschinengewehre baumeln lässig von ihren Schultern. Ich werde durchgewinkt.

„Willkommen in der Stadt von Rumi" heißt es dann auf einem Schild am Ortseingang von Balch, das mir auf den ersten Blick wie eine unauffällige Kleinstadt erscheint. Bärtige Männer mit Turbanen dominieren das Treiben, das sich um einen zentralen Kreisverkehr abspielt. Manche Verkäufer sperren gerade ihre Läden auf, während Kinder warmes Fladenbrot aus der Backstube holen gehen.

Balch liegt etwa dreißig Kilometer westlich von Masar-e Scharif, jener Großstadt, die lange als Hafen der Stabilität in Nordafghanistan galt. Die meisten Bewohner von Balch sind Paschtunen. Einige von ihnen pflegten, wie ich zuvor hörte, gute Beziehungen zu den Taliban, andere seien der Gruppe sogar selbst zugehörig. Man könne das nie so genau wissen. Zudem möge man hier keine Ausländer. Im Juni 2021, gut zwei Jahre nach meinem Besuch, sollte die Stadt Balch an die Taliban fallen und dann im August kurz vor der Eroberung Kabuls auch Masar-e Scharif.

Etwas unsicher zurre ich meinen erdbraunen *perāhan tunban* zurecht. Ich will so unauffällig wie möglich erscheinen. Die afghanische Bekleidungskombo aus Pluderhose und einem knielangen Baumwollhemd hatte ich mir im Jahr 2012 auf meiner ersten Afghanistan-Reise schneidern lassen. Ob ich darin wohl einheimisch genug aussehe? Ich ducke mich in den Sitz. Marktstände mit Okraschoten, Auberginen, Zucchini und Tomaten in der Auslage rauschen vorüber, bevor es noch einmal ein paar Kilometer über die Landstraße geht.

Neben einer Bauernsiedlung zweigt eine Sandpiste von der Straße ab, vorbei an einem improvisierten Fußballfeld, auf dem fünf Jungen bolzen. Die Jungs bleiben regungslos stehen und blicken dem Auto hinterher, in dem ich sitze. Der Kleinste in der Gruppe knabbert verlegen am Saum seines schmuddeligen T-Shirts, wobei der Bauchnabel zum Vorschein kommt.

Viele Besucher kommen anscheinend nicht zu der Lehmruine, die umgeben von Weizenfeldern, vertrockneten Büschen und krummen Strommasten in der Landschaft steht. Das Haus, von dem die Afghanen sagen, es sei das Geburtshaus von Rumi, erinnert an einen überdimensionierten Bienenkorb. An den Seiten hat es vier gewölbte Öffnungen. Unter dem bröckelnden Putz sind noch Reihen von Lehmziegeln erkennbar, doch die Dachkuppel ist fast gänzlich eingestürzt.

Ich klettere ins Innere. Der rissige Erdboden ist mit Dornengestrüpp überwuchert. Fliegen umschwirren frischen Viehkot. Mein Blick wandert nach oben. Schäfchenwölkchen ziehen über den blauen Himmel. Für einen Moment weite ich meine Fantasie aus und versuche mir vorzustellen, wie der junge Dschalaluddin Mohammad hier als Kleinkind gelebt haben mag.

Mit Dschalaluddin, dem „Glanz der Religion", wählten seine Eltern einen geradezu prophetischen Namen. Denn eines Tages sollte Rumi seine Religion, den Islam, in aller Schönheit aufglänzen lassen.

In der Ferne kräht ein Hahn. Auf dem Rückweg fällt mir ein Bauer auf, der unter der sengenden Mittagssonne seiner Arbeit nachgeht. Obwohl wir uns mitten im Ramadan befinden, gräbt er leeren Magens die Erde seines Ackers mit einem hölzernen Handpflug um. Gottvertrauen spornt Gläubige im Fastenmonat manchmal zu erstaunlichen Leistungen an, welche die physischen Grenzen außer Kraft zu setzen scheinen. *Vertraust du Gott, so tue dies arbeitend,* heißt es in Rumis großem Lehrwerk, dem Masnawi. *Zunächst säe, dann verlasse dich auf den Allmächtigen.*

„Manda nabaschid!", rufe ich – mögen Sie nicht ermüden – und bekomme ein warmes Lächeln geschenkt.

Ob der Bauer wohl weiß, wer genau eigentlich dieser Rumi ist, der vor über 800 Jahren neben seinem Acker geboren sein soll? Ich bezweifle es. Warum auch, wenn sich seine Welt auf ein paar Quadratmeter Feldboden beschränkt, mit denen er seine Familie zu ernähren hat – so wie bereits seine Väter und Vorväter.

Existenznot bestimmt das Leben in vielen afghanischen Dörfern und Kleinstädten. Von der korrupten Regierung in Kabul wurde die Landbevölkerung zwanzig Jahre lang vernachlässigt. In vielen Provinzen gerieten Zivilisten im Krieg der Armee gegen die Taliban zwischen die Fronten. In manchen der Gebiete, welche die selbsternannten Gotteskrieger einnahmen, begrüßte das von Unsicherheit zermürbte Volk die neugewonnene Stabilität, auch wenn diese mit einer drakonischen Herrschaft einherging, die mit afghanischen Traditionen wenig gemein hat.

Die langen Konflikte haben Afghanistans Kultur in Mitleidenschaft gezogen. Jahrzehntelang wurde nahezu sämtliche Energie des Landes in die Kriegsführung gesteckt. Für mystische Poesie und spirituelle Bildung blieb wenig übrig. Während Rumi in den USA inzwischen vielen ein Begriff ist, wurde er in Afghanistan zu einem verschütteten Relikt aus besseren Zeiten. Junge Afghanen finden heute nur noch selten Zugang zu seiner Dichtung. Rumis Weisheitslehre – ein Luxus, dem sich nur jene widmen können, die Zeit und Ruhe für ihr Seelenleben finden.

Nach der herkömmlichen Überlieferung wurde Rumi am 30. September 1207 in Balch geboren, weshalb die Afghanen ihn als „Dschalaluddin Balchi" bezeichnen. Einige

Rumi-Forscher sind der Meinung, dass Rumi in einer rund 250 Kilometer nördlich von Balch gelegenen Kleinstadt namens Vachsch das Licht der Welt erblickt habe. Vachsch liegt heute in Tadschikistan, aber gehörte damals zur Kulturregion Balch.

Für meine Suche sind diese Details zweitrangig. Ich bin kein Historiker, sondern möchte mir die „spirituelle Geografie" Rumis erschließen, also jene Orte, die Rumi in seinen Gedichten anführte oder die bis heute mit seinem Erbe in besonderer Verbindung stehen. Für Rumi sind wichtige islamische Städte wie Samarkand, in der er als Jugendlicher einige Jahre verbrachte, auch Symbole auf der inneren Landkarte des Menschen.

Wurde Rumi in Konya gefragt, von wo er stammte, soll er jedenfalls „aus Balch" geantwortet haben. Schließlich war Balch damals ein Name, den auch die Menschen im 4000 Kilometer westlich gelegenen Anatolien schon einmal gehört hatten. Bis zum Einfall der Horden Dschengis Khans im Jahr 1221 war Balch eine wohlhabende Großstadt mit prächtigen Gärten, florierenden Basaren und umgeben von einer massiven Stadtmauer – sie ist das Einzige, was heute noch von der alten Zivilisation übrig ist.

Zudem war Balch in vorislamischer Zeit ein wichtiges Zentrum buddhistischen und zoroastrischen Glaubens. Manche europäische Forscher und Mystiker vermuten, dass sich in der Gegend das sagenumwobene buddhistische Schambhala-Königreich befand. Balch gehörte zu Groß-chorasan, einer Region, die weite Teile der alten Seidenstraße umfasste und sich über Zentralasien bis in den östlichen Iran erstreckte. Heute liegt hier das Grenzgebiet von Iran, Afghanistan, Turkmenistan, Usbekistan und Tadschikistan.

„Chorasan“ leitet sich ab vom altpersischen Wort für Sonne, *chor*, und bedeutet so viel wie „das Land, in dem die Sonne aufgeht“. Der Name Chorasan ist in der islamischen Geschichte fast schon ein Synonym für die Mystik, denn über drei Jahrhunderte gediehen hier islamische Spiritualität und Wissenschaft in voller Blüte. Die Region brachte unzählige Feingeister und Heilige hervor, Höhepunkt war die Geburt Rumis. Rumi bezeichnet sich im *Fihi Mā Fih* („Was drin ist, ist drin“) – einer Sammlung von Mitschriften aus 71 Ansprachen – selbst als „Chorasaner“.

In der chorasanischen Hochkultur waren Erforschung der Seele und Kenntnis der Materie eng miteinander verwoben. Spiritualität und wissenschaftliche Forschung wurden nicht, wie heute, im Widerspruch zueinander betrachtet, sondern waren Ausdruck eines existenziellen Strebens, einer Wahrheitssuche und Entfaltung des menschlichen Potenzials auf dem Nährboden des Islam. Die Chorasaner waren im wahrsten Sinne des Wortes Philosophen, also Liebende der Weisheit.

Davon zeugt etwa das Genie des berühmten Ibn Sina, bei uns bekannt unter seinem latinisierten Namen Avicenna, der in Chorasan die Grundsteine der modernen Medizin legte. Avicenna war auch ein Mystiker, der den Koran im Alter von zehn auswendig gelernt hatte. Verstandeswissen und mystische Erfahrung hielt er für zwei einander ergänzende Erkenntniswege. Al-Biruni, Astronom, Physiker, Geschichtsschreiber und Linguist, lernte Sanskrit und erforschte indische Weisheitslehre, wodurch er Grundlagen für den interspirituellen Dialog schuf. Der Sufi-Dichter Omar Chayyam, in erster Linie bekannt für seine lebensbejahenden Vierzeiler, war gleichzeitig ein begnadeter Mathematiker.

* * *

Im Markt von Balch fläzen sich die Händler lethargisch auf ihren Ständen. Bis zum Fastenbrechen sind noch acht Stunden totzuschlagen. Einheimisches Handwerk gibt es hier schon lange nicht mehr. Verkauft wird stattdessen Billigware aus China und Indien: Küchengefäße aus Plastik und klimpernde Kunststoffarmreife, synthetische Stoffe für Damenbekleidung, Gummilatschen sowie Drogerieartikel und Kosmetika.

Als ich durch die Gassen ziehe, spüre ich, wie misstrauische Blicke an mir kleben. Um mich besser einzufügen, kaufe ich einem Mädchen, das auf einer Decke Kopfbedeckungen feilbietet, eine jener rot bestickten Kappen ab, die viele in der Stadt zu tragen scheinen. Ich bilde mir ein, mit der Kappe auf dem Kopf weniger aufzufallen. Meiner Haut- und Haarfarbe nach zu urteilen könnte ich auch als Nuristani aus den Bergen durchgehen oder gar als Tadschike aus dem Pandschir-Tal.

Der Platz vor der Grünen Moschee von Balch ist wie ausgestorben. Stünde das Bauwerk aus dem 15. Jahrhundert woanders, würde es viele Touristen anziehen. Die Spuren des Krieges sind überall sichtbar: Der obere Teil des *iwān*, dem gewölbten Eingangsportal der Moschee, ist weggebrochen, und von den blau gefliesten koranischen Versen, welche einst die Ränder zierten, sind nur noch einzelne Buchstaben übrig. Auch das Minarett steht nur noch zur Hälfte. Wie ein abgeschlagener Baumstumpf erinnert es an die irreparablen Schäden, die das afghanische Kulturerbe erlitten hat.

Im Schatten des *iwān* sitzt ein mittelalter Herr mit Gebetskappe auf einer weißen Baumwolldecke, die Hand auf dem stehenden Knie abgelegt. *„Al-mulk l'illah"* steht über seinem Kopf in Mosaikschrift geschrieben, „die Herrschaft ist Gottes".

Plötzlich erhebt sich der Rastende, faltet seine Decke zusammen, schreitet auf mich zu und beginnt, ohne sich vorzustellen, auf mich einzureden. Wegen des regionalen Akzents kann ich nur wenig verstehen. Das Persisch, welches ich vor sechs Jahren in Teheran gelernt habe, klingt weicher als das afghanische Dari und ist mit französischen Lehnwörtern durchsetzt, auch wenn es abgesehen von kleinen Differenzen im Vokabular dieselbe Sprache ist.

Dennoch gelingt es mir, einige Sätze seines Monologs aufzuschnappen. „Wir sind Muslime. Doch es gibt keinen Islam hier", schimpft der Mann. „Schau nur in den Park da drüben, wie die Männer die Mädchen anglotzen. Dabei sollte man doch im Ramadan auch mit den Augen fasten! Außerdem haben die Menschen bei uns nichts zu essen. Ich sage dir, die Leute im Westen sind muslimischer als wir."

Ich schmunzele in mich hinein und gebe nach außen Laute der Zustimmung von mir. Ich bin mir nicht sicher, ob mich der gesprächige Herr als Westler identifiziert hat oder mich für einen afghanischen Touristen hält. Seine Worte erinnern mich an die Klage des Sufi Abul Hasan Fuschandschi aus dem 10. Jahrhundert: „Heute ist der Sufismus ein Name ohne eine Realität, doch früher war er einmal eine Realität ohne Namen."

Die Vernachlässigung der spirituellen Essenz zugunsten äußerer Formen ist ein Schicksal, das all die großen Religionen ereilt hat. Rumi warnte vor dieser Schieflage, er unterscheidet zwischen der äußeren Form (*surat*) und ihrem inneren Sinn (*ma'nā*). In der Religion besteht die äußere Form aus Dogmen und Ritualen, der innere Sinn ist deren tieferer Sinngehalt. Ohne den Sinn erstarrt die äußere Form zur leblosen Hülle.

Die Sufis veranschaulichen dies mit der Walnuss-Metapher: Die Form ist wie die schützende Schale einer Walnuss. Der innere Sinn wiederum ist der Walnusskern, die göttliche Substanz, die allen Formen zugrunde liegt. Was nützt einem die Schale ohne den Kern? Im Masnawi heißt es:

> *Geh über die Form hinaus, flieh vor den Namen! Flieh vor allen Titeln und Namen, dem Sinn entgegen!*

Die Welt, die wir mit unseren Sinnen wahrnehmen, besteht aus unzähligen Formen. Ihnen liegt eine unsichtbare göttliche Realität zugrunde, denn Gott offenbart sich dem Menschen mithilfe von Form. Um dieses Mysterium zu verstehen, ziehen die Sufis einen „heiligen Ausspruch" (*hadith al-qudsi*) heran, der auf Gott selbst zurückgeführt wird: *Ich war ein verborgener Schatz und sehnte Mich danach, erkannt zu werden; also erschuf Ich die Welt.* Das Anhaften an Gesetze und Rituale ohne ein Bewusstsein für deren tiefere Bedeutung ist für Rumi Götzenanbetung, eine der größten Sünden im Islam. Doch ein rein äußeres Verständnis von Religion ist im 21. Jahrhundert der Status quo unter den meisten Muslimen. Jahrzehnte der staubtrockenen Orthodoxie haben dem Islam vielleicht noch mehr geschadet als alle Angriffe von außen; und derer gab es nicht wenige. So klagte bereits im 19. Jahrhundert der ägyptische Reformkleriker Muhammad Abduh, als er von einer Reise durch Europa zurückkam: „Ich ging in den Westen und sah den Islam, aber keine Muslime.

Dann kam ich zurück in den Osten und sah Muslime, aber keinen Islam."

Das 19. und 20. Jahrhundert waren für weite Teile der islamischen Welt eine Zeit der Entwurzelung. Der europäische Imperialismus fegte mit seinem Gedankengut wie ein Tornado über die gewachsenen Weisheitstraditionen des Orients, bis diese schließlich von den Muslimen selbst für nichtig und rückständig erklärt wurden. Reformer sahen im Sufismus ein Hindernis auf dem Weg in den „Fortschritt" nach westlichem Vorbild, während Ultraorthodoxe ihn als „unislamisch" brandmarkten. Modernismus und religiöser Fundamentalismus führten also zu einer ähnlich starken Ablehnung des Sufitums.

Während im Westen viele Menschen einem weitestgehend spirituell entleerten Christentum den Rücken zukehrten und sich stattdessen den Glaubenssystemen von Wissenschaft und Rationalismus anvertrauten, wählte so manch ein spirituell Entwurzelter im islamischen Osten eine dogmatische, zuweilen fundamentalistische Religionsauslegung als Anker der Gewissheit.

Im Islam hat das Zerwürfnis zwischen den Hütern der inneren Bedeutung, den Sufis, und den formtreuen Orthodoxen eine lange Tradition. Doch selten war der Bruch so stark wie in unserer Zeit. Ungebildete Mullahs in afghanischen Moscheen verunglimpfen Rumi heute als jemanden, der dem Islam geschadet habe. Dabei ist der mystische Islam in Afghanistan fest verwurzelt.

Afghanistan ist die Geburtsstätte mittelalterlicher Mystiker wie der Dichter Abdullah al-Ansari, Hakim Sanai und Abdulrahman Dschami. Ihre Werke und die Sufi-Künste wie Architektur, Kalligrafie und Musik haben einen Großteil von dem geformt, was wir heute als das afghanische Kulturerbe bezeichnen. Viele der afghanischen Muslime blicken durch die Brille der Sufis auf den Islam – selbst wenn sie keinem der klassischen Sufi-Orden angehören, wie sie über Jahrhunderte am Hindukusch existierten. Traditionelle Sufi-Werte wie Güte und Gastfreundschaft sind im afghanischen Brauchtum nach wie vor so fest verankert wie kaum woanders.

Doch über die langen Kriegsjahre ist Afghanistans Sufi-Kultur in Vergessenheit geraten. Vielmehr wurde sie verdrängt. In den Achtzigern säte man mithilfe der USA und saudischen Öldollars eine radikal politische Version des Islam. Für den Kampf gegen die gottlosen Sowjets brauchte es ideologisch getrimmte Guerillas, die zumeist in den ultraorthodoxen Koranschulen des benachbarten Pakistan ausgebildet wurden. Der religiös angestrichene Fanatismus am Hindukusch, wie ihn heute die Taliban vertreten, ist also nicht „mittelalterlich“, sondern ein ganz und gar modernes Phänomen, das unter Einmischung von außen entstanden ist.

Auch in Iran, in Syrien und der Türkei – den drei anderen Ländern, die mit Rumis Lebensgeschichte verknüpft sind – wurden islamische Mystiker bedroht, geächtet, mussten sich verstecken oder verloren ihre Praktiken an den wuchernden Materialismus unserer Zeit.

Rumi wuchs ebenso im Spannungsfeld von Mystik und Orthodoxie auf. Als er auf die Welt kam, war sein Vater ein 58-jähriger Moscheeprediger. Bahauddin Valad, so lesen wir in den Quellen, folgte den religiösen Gesetzen bis ins letzte Detail. Sein Innenleben jedoch war das eines Mystikers. In Bahauddins Aufzeichnungen, den *Ma'āref* („Mystische Kenntnisse“), berichtet er von Träumen und Visionen, die ihn in seinen Derwischklausuren heimsuchten. Durch seinen Vater lernte der junge Rumi also von Kindesbeinen einen erfahrungsbetonten Islam kennen. Die *Ma'āref* hatten einen großen Einfluss auf Rumis mystische Bildung, der sich in seiner Dichtung erkennen lässt.

* * *

Auf einmal bringt der Gebetsruf Stille in meine Gedanken. Ich entschließe mich, am Freitagsgebet in der Grünen Moschee teilzunehmen. Vielleicht würde ich so in Balch etwas von Rumis Geist spüren können.

Dutzende Männer, bauchige, schlanke, alte und junge, schlurfen aus allen vier Richtungen heran. Es ist, als ob ganz Balch seine Arbeit stehen und liegen gelassen hat. Wer etwas auf sich hält, erscheint zum Gebet. Unter dem *iwān* türmen sich die Schuhe und Sandalen zu einem stetig wachsenden Haufen auf. Das Innere der Moschee ist im Handumdrehen gefüllt. Für Frauen gibt es hier keinen Platz. Sie scheinen ohnehin im Stadtbild von Balch zu fehlen.

Ich folge den Männern in einen lichtlosen Schuppen, in dem Wasserhähne für die rituelle Gebetswaschung angebracht sind. In der Mitte befindet sich ein Bassin mit abgestandenem Wasser. Allgemeines Spucken und Husten liegt in der Luft. Ich bringe die Reinigung schnell hinter mich und reihe mich zum Gebet auf einem der staubigen Teppichstreifen ein. Mein Nebenmann hat Füße so rau wie Schmirgelpapier. Ein Schwall von ramadantypischem Mundgeruch weht aus seiner Richtung in meine Nase.

Mit einem lauten Knacksen springen die Lautsprecher an. Der Mullah, den ich von draußen nicht sehen kann, beginnt seine Predigt mit einer Fürbitte. Dann erhebt er seine

Stimme und ergeht sich in einer zwanzig Minuten andauernden Schimpftirade. Ja, er krächzt und keift seine Gemeindemitglieder regelrecht an. Die jedoch wirken zum Großteil gleichgültig und desinteressiert, manche dösen oder stützen ihre Ellbogen gelangweilt auf den Beinen ab.

Zum Glück kann ich bis auf die Worte „Trump" und „Amerika" wenig von der Predigt verstehen. Stattdessen lenke ich meine Aufmerksamkeit auf einen Jungen, der neben den Schuhstapeln Stellung bezogen hat. Der Schuhputzer, vielleicht zehn oder zwölf Jahre alt, hat dunkle Farbstreifen im Gesicht. Mit routinierten Handbewegungen schnappt er sich die Schuhe von der Türschwelle. Als Putzwerkzeug dient ihm eine ausgefranste Zahnbürste, die er in ein Glas mit schwarzem Lack taucht. Angetrieben von der Hoffnung auf die Großzügigkeit der Betenden bürstet er im Eiltempo ein Paar Schuhwerk nach dem anderen.

Als endlich Ruhe herrscht, erheben wir uns zum Gebet. *„Allahu Akbar"*, Gott ist größer, tönt es aus dem Inneren der Moschee. Im Westen wird diese Formel angesichts ihres Missbrauchs bei Gewaltakten vor allem als Kampfschrei verstanden. Im Sinne der Sufis jedoch bedeutet sie: Gott ist größer als alles, was unser begrenzter Verstand sich vorstellen kann.

Das Ritualgebet hatte ich vor zehn Jahren zum ersten Mal in Aleppo gelernt: Es beginnt aufrecht stehend, gefolgt von einer Vorwärtsbeuge mit den Händen auf den Knien, daraufhin zurück in die aufrechte Position und endet schließlich in der Niederwerfung als Ausdruck der vollkommenen Hingabe an das Göttliche. Im Sufismus repräsentiert diese Geste die bedingungslose Aufgabe des Egos dem Höchsten gegenüber.

Meine Stirn berührt den von der Sonne aufgeheizten Steinboden. Auf einmal sehe ich eine Gruppe von Ameisen über mein Teppichstück krabbeln, genau dort, wo ich gleich noch einmal mit meinen Knien niedergehen werde. Mir wird bewusst, dass mein Gebet die winzigen Insekten zerquetschen wird. Doch abbrechen kann ich es nun auch nicht mehr. Ich versuche noch, ein Stück zur Seite auszuweichen, aber dort betet bereits mein Nebenmann. Vergebens. Nach jeder meiner Niederwerfungen hört eine weitere Ameise auf, sich zu bewegen.

Das Gebet erhält nun einen bitteren Beigeschmack. Ich bemühe mich, mein Beten den kleinen Lebewesen zu widmen, auf dass sie eine gute Reise ins Ameisenjenseits haben mögen. Die zerquetschten Ameisen werden für mich zum Symbol für all das Leben, das in Balch verkümmert ist; all das Leben, das aus einer einst florierenden spirituellen Tradition hinausgepresst wurde.

Als Hunderte die Moschee auf einmal verlassen, bildet sich am Ausgangstor ein Menschenstau. Eine Handvoll Frauen in blauen Burkas kauern dort auf der Erde. Die ersten Frauen, die ich in Balch sehe – das heißt, richtig sehen kann ich sie ja nicht –, strecken ihre Hände zum Erbetteln von Almosen aus. Ein alter Mann verteilt Weißbrot an die Menge. Sogleich fällt eine Schar Kinder über den Greis her und beginnt, sich um die Laibe zu raufen. Die Szene erhöht nach dem seltsamen Gebet noch einmal das Unbehagen in meiner Magengegend.

Innerlich aufgewühlt flüchte ich in den Park neben der Moschee. Die Lebendigkeit der Laubbäume wirkt wie ein Heilmittel gegen die menschengemachte Disharmonie. Hier finde ich wieder Luft zum Atmen, setze mich ins Gras und beobachte das Geschehen. Ein junges Pärchen ruht im Schatten. Ein Junge tritt auf einem viel zu großen Drahtesel in die Pedale. Auf einmal rutscht ihm das Hinterrad weg. Er fällt um und liegt für einen Moment unter seinem schweren Fahrrad begraben. Ohne auch nur eine Träne zu vergießen, schiebt er das Rad von sich und hält sein schmerzendes Bein. Dann setzt er sich wieder auf den Sattel und dreht die nächste Runde.

In der Mitte des Parks liegt ein Spielplatz, der aus einer Schaukel und einem Klettergerüst besteht. Auf einer rostigen Eisenstange wippen zwei Jungen. Eine Gruppe von Kindern hat sich ihr eigenes Spiel ausgedacht. Drei bunt gekleidete Mädchen und ein kleiner Junge, allesamt barfuß, haben zwei Schals miteinander verschlungen. Jedes der Kinder hält eines der vier Enden der Schals fest. Dann beginnen sie, sich im Kreis zu drehen. Das improvisierte Karussell dreht sich immer schneller, bis nach ein paar Runden der kleine Junge den Halt verliert und rücklings ins Gras purzelt. Die Mädchen drehen sich noch ein paar Mal, doch das Vierergespann ist außer Balance.

Dann geht das Ganze unter Freudenschreien und Gelächter wieder von vorn los, so lange, bis jemand rausfliegt. Auf den schönen Gesichtern der Mädchen liegt pure Beseeltheit. Sie verlieren nicht die Lust am Spiel, sind ganz im Hier und Jetzt, schwelgend in jener unschuldigen Ausgelassenheit, wie nur Kinder sie besitzen.

Wie gebannt kann ich meine Augen kaum von dieser heiteren Szene nehmen. Für einen Moment versuche ich mir auszumalen, was für eine Zukunft diese Kinder hier in Balch erwarten mag. Vielleicht wird der kleine Junge in ein paar Jahren die patriarchalischen Sitten seines Umfelds übernehmen. Wo werden die Mädchen dann sein? Werden sie sich auch als junge Frauen ihre Lebensfreude bewahren können? Und wer bin ich überhaupt, diese Fragen zu beantworten?

Ich hole mich wieder in den Moment zurück und lasse mein Herz von der Energie der Kinder berühren. Wenn Rumi in Balch noch irgendwo zu finden ist, dann bei ihnen.

* * *

Als ich 2012 zum Nouruz-Fest das erste Mal an den Hindukusch reiste, war mein Persisch noch längst nicht so gediegen, dass ich Rumi hätte lesen können. Ich war Backpacker, und meine Abenteuerfahrt führte von Kabul durch den Tunnel am Salang-Pass nach Masar-e Scharif. Am Vorabend des persischen Neujahrs hatte es in Kabul geschneit. Als unser Taxi in höhere Gefilde vordrang, nahm der Schnee zu. Auf 3400 Metern war die Straße vollkommen vereist, der Verkehr kam zum Erliegen. Unser Fahrer blieb seelenruhig, legte eine Platte des afghanischen King of Pop Ahmad Zahir auf und Schneeketten um die Reifen. Dann steckte er sich einen Joint an. In der Dunkelheit geriet unser Auto bei Pule Chomri in eine Militärfahndung. Die Soldaten suchten nach Aufständischen und beäugten misstrauisch meinen Reisepass.

Afghanistan wirkte durch meine Backpacker-Augen aufregend, ursprünglich und roh. An vielen Orten schien die Zeit wie stehengeblieben. Besonders beeindruckte mich die Ausstrahlung der Berge, die der Landschaft eine gewisse Maskulinität verliehen. Der Landeanflug nach Kabul war jedes Mal spektakulär, von oben schien das Land aus nichts als faltigen, schneebedeckten Gipfeln zu bestehen, zwischen denen silbergraue Flusstäler verlaufen. Tatsächlich macht das Gebirge siebzig Prozent der afghanischen Landesfläche aus.

Der pakistanische Philosoph und Poet Muhammad Iqbal beschrieb Afghanistan einmal so: „Asien ist ein Körper aus Wasser und Ton, dessen Herz die afghanische Nation bildet.“ Wenn das Herz kränkele, so fuhr er fort, sei der ganze Körper davon beeinträchtigt.

Als Journalist reiste ich später auch in ländliche Regionen, etwa in die Provinz Bamiyan oder ins nördlich gelegene Badachschan. Nach vier Kriegsjahrzehnten besaßen viele Afghanen eine beeindruckende Resilienz. Einmal sprach ich mit einem Binnenflüchtling, dessen Familie auf der Flucht vor den Taliban alles verloren hatte. Dennoch pries und dankte er Gott in jedem dritten Satz. In den Augen des Mannes war zu sehen, dass sein *alhamdulillah* keine Floskel war, sondern eine Lebenseinstellung.

Die meisten Afghanen, denen ich begegnete, hatten sich in den dürftigsten Lebensumständen eine Gutherzigkeit und Aufrichtigkeit bewahrt, die mich im Herzen berührten. Die innenwohnende Genügsamkeit der Menschen und ihr Wille, dem Gast auch in materieller Armut würdevoll zu dienen, erschienen mir wie Kostbarkeiten, die wir im Westen seit langem vernachlässigt haben.

Mit der Zeit baute ich eine tiefe Beziehung zu dem Land auf. Ich bekam ein Gefühl für die in der afghanischen Erde und in ihren Bewohnern verborgene Spiritualität, auch wenn ich diesen Schatz nie so richtig zu fassen vermochte. Acht Monate nach meinem Besuch in Balch jedoch sollte ich jemanden kennenlernen, der die afghanische Weisheitskultur verkörperte.

Kabul, Januar 2020

An einem eisigen Nachmittag stehe ich auf der Kreuzung vor dem Eingang der Kabuler Stadtbibliothek. Neben dem Eingangstor lese ich das Zitat: „Bücher sind die Ziegelsteine einer Zivilisation." Die Worte sind so kunstvoll geschwungen wie in den Kalligrafien von Rumi-Versen. Was für ein Kontrast zwischen der Ästhetik der persischen Buchstaben und der trostlosen Betonabsperrung, auf der sie stehen. Ganz zu schweigen von dem uniformierten Schützen daneben, der vom Dach eines Militärjeeps sein Maschinengewehr geradewegs auf die Straße richtet.

Ich bin zurück in Afghanistan, um noch einmal nach Rumi zu suchen. Ausgerechnet im nervösen Kabul, das in den letzten Jahren fast wöchentlich zum Terrorziel wurde, will ich nach dem inneren Frieden suchen, den Rumis Verse thematisieren und hervorrufen. Eine Freundin, die ihre Doktorarbeit über afghanische Sufis schrieb, erzählte mir von einem alten Mann, der den Afghanen als ihr letzter großer Sufi-Dichter galt; jemand, der sein ganzes Leben Rumis Verse kontempliert, verinnerlicht und an andere weitergegeben hatte.

Um den Achtzigjährigen zu besuchen, muss ich ein Eisentor passieren, meinen Rucksack abgeben und die tastenden Hände eines Soldaten über meinen Körper wandern lassen. Ob ich zum *ostād*, dem Meister, wolle? Über ein schmuckloses Treppenhaus geht es nach oben in den zweiten Stock, durch einen Lesesaal, in dem niemand liest. Im Zeitschriftenzimmer dahinter riecht es nach Staub und vergilbten Buchseiten. Am Ende des Raumes, zwischen Stapeln von Papier und Magazinen, sitzt der alte Mann an seinem Schreibtisch.

Seit 55 Jahren, an sechs Tagen die Woche – auch wenn er längst im Ruhestand ist.

Haydari Wujudi steht von seinem Bürostuhl auf, um mich willkommen zu heißen. Ein wenig unsicher bleibe ich vor ihm stehen. Wie jedem seiner Besucher streckt mir der Meister seine faltige, zittrige Hand entgegen. Ich küsse sie aus Respekt, so wie es die anderen Schüler tun, und bin erstaunt, wie aufrecht er vor mir steht mit seinen achtzig Jahren, breitschultrig und gut zwei Köpfe größer als ich selbst. Ein Paar buschiger Augenbrauen thront über zwei Augen, deren Farbe ich nicht zu bestimmen vermag. Sein Gesicht strahlt eine sanfte Strenge aus.

Wujudi trägt einen Strickpulli, darüber ein graues Jackett. Auf seinen Knien liegt eine Polyesterdecke mit Sternenmuster. Die Wärme des alten Thermostrahlers, der auf seine Füße gerichtet ist, kommt nicht gegen den Kabuler Winter an. Heizkörper hat die größte Bibliothek in der Stadt mit sechs Millionen Einwohnern keine. Auch Strom ist eine Glückssache, er kommt und geht, wie er will.

Nach und nach betreten Wujudis Adepten den Raum, die meisten von ihnen sind Stammmitglieder in seiner Lesegruppe, dem Verein der Liebhaber von Rumi. Jeden Einzelnen fragt der Meister zuerst nach der Familie und dann, ob es Neuigkeiten aus Beruf und Studium gebe. Beim Sprechen wabert sein Atemdampf durch die eisige Luft im Raum.

Manche streifen sich weiße Gebetskappen über den Kopf, auf denen in hellblauer Schrift die Worte *yā haq* gestickt stehen – *al-haq*, die Wahrheit, die höchste Realität, ist einer der wichtigsten Namen Allahs.

Ich nehme Platz auf einem der Stühle gegenüber von Wujudis Schreibtisch. Etwas zögerlich stelle ich mich vor, spreche von meinem Iranistikstudium und dass es mir Rumi vor einigen Jahren angetan habe. Dafür benutze ich auf Dari den Ausdruck *'āsheq*, also ein Liebender von Rumi zu sein. Plötzlich unterbricht Wujudi mich.

„Sag nicht, dass du Rumi liebst, sondern dass du sein Freund und Anhänger bist. Rumi war ein Liebender. Doch Liebe hat verschiedene Stufen. Kein anderer islamischer Mystiker hat die Stufe, die Rumi erreicht hat, erklommen. Die Werke Rumis sind der Beweis dafür … jener Rumi, der heute die Welt eingenommen hat."

Die Schüler sitzen ihrem Lehrer in ehrfürchtiger Erwartung gegenüber. Ich muss mich sehr konzentrieren, um Wujudis Dari zu verstehen. Seine Stimme vibriert und bebt, torkelt über mehrere Tonhöhen und gerät alle paar Worte ins Stocken. Doch Menschen wie Wujudi wirken weniger durch ihre Worte, sondern durch die hinter ihren Worten liegende Präsenz. Sprache wird auf dieser Ebene zweitrangig, oder wie Rumi in diesem Gebet im Masnawi spricht:

> *O Gott, zeig der Seele jenen Ort, an dem die Sprache ohne Worte fließt.*

Der Meister beginnt den Unterricht mit einem Gebet, gefolgt von einer Koranrezitation – so wie jeden Montag- und Mittwochnachmittag in den letzten 31 Jahren und drei Monaten, ohne Unterbrechung. Selbst als ihn das Taliban-Regime Ende der Neunziger für vier Jahre ins pakistanische Exil trieb, setzte Wujudi seine Lesestunden unter den Geflohenen fort.

„Im Namen des gütigen Gottes, im Namen der unbegrenzten Kraft beginnen wir. Der Segen und die Gnade Gottes mögen ruhen auf dem Körper und der heiligen Seele des

Wegbereiters der Menschheit, unseres verehrten Propheten Mohammed."

Wujudi blickt auf das Buch in seinem Schoß, eine Anthologie von Gedichten aus dem Masnawi, aus der er seit einigen Jahren unterrichtet. Alle zwei oder drei Verse hält Wujudi inne und lässt seinen Gedanken freien Lauf. Ausschweifend interpretiert er den Sinn der Worte, öffnet Schicht um Schicht, zieht Vergleiche zu anderen Dichtern, zitiert aus dem Koran und spannt einen Bogen zu den Zuständen in der afghanischen Gesellschaft. So wie das Masnawi kein von vornherein geplantes Werk war, spricht auch Wujudi, was ihm spontan in den Sinn kommt. Er schöpft dabei aus Jahrzehnten der mystischen Erfahrung.

Ein Masnawi ist in der persischen Dichtung eine Textgattung didaktischer Literatur. Übersetzt bedeutet das Wort „Doppelverse", denn Masnawis setzen sich aus zweiteiligen Zeilen zusammen. In der Sufi-Literatur gibt es Tausende solcher Werke, allerdings besitzt Rumis Masnawi einen solchen Ruhm, dass es allgemein als *das* Masnawi bezeichnet wird.

Wegen des großen Einflusses, den das Masnawi auf das geistige Leben von Muslimen in weiten Teilen der islamischen Welt hatte, wird es auch als „Koran auf Persisch" bezeichnet. Mein Lyrikprofessor aus Teheran sagte mir einmal, es gebe auf dem spirituellen Weg kaum eine Frage, welche das Masnawi nicht beantworte. Rund 6000 Masnawi-Verse sind entweder direkte Übersetzungen oder Umschreibungen von koranischen Zitaten oder stammen aus den *hadith*, den überlieferten Lehrsprüchen Mohammeds.

Das Masnawi ist ein Lehrwerk aus sechs Büchern mit knapp 26 000 Versen, die Rumi im letzten Jahrzehnt seines Lebens dichtete. Anhand von Erzählungen und Gleichnissen führt er die Leser nach innen, steckt den spirituellen Pfad mit seinen Herausforderungen ab und geht den existenziellen Fragen des Menschendaseins auf den Grund. Manche der Erzählungen sind Tierfabeln oder stammen aus dem Alltag orientalischer Basargassen, andere sind dem Koran und der abrahamitischen Mythologie entnommen.

Die Metaphern dieser Geschichten spielen auf die Wahrheit an, ohne diese direkt beim Namen zu nennen. So kann der Leser subtile Weisheiten erspüren, anstatt nur im Kopf über sie nachzudenken. Jeder von Rumis Charakteren steht für einen Aspekt im Inneren des Menschen. Für die Mevlevis, deren Orden auf den Lehren Rumis fußt, ist das Masnawi deshalb nicht nur ein Geschichtenband, sondern ein lebendiger Führer, der den Aspiranten in die Gründe seines Selbst mitnimmt.

Wujudis Sufismus beruht auf den Prinzipien der Nakschbandis, einem Sufi-Orden, der im 14. Jahrhundert in Usbekistan entstand. *Chalvat dar andschoman* oder „Einsamkeit in der Menge" lautet einer der Nakschbandi-Leitgedanken: innerlich still und zurückgezogen, doch äußerlich inmitten der Gesellschaft. Dieser Zustand ist nicht leicht erreicht. Und dennoch – unermüdlich lehrt Wujudi die Afghanen, die seit 41 Jahren keinen äußeren Frieden mehr kennen, den Weg zum inneren Frieden.

Die stille Präsenz des alten Mannes erfüllt den Raum. In der heutigen Sitzung erklärt Wujudi, wie Selbstsucht im Menschen zu Konflikten in der Gesellschaft führt. Das Chaos in der Welt, der Extremismus und die Diskriminierung, erklärt Wujudi, all dies seien Auswüchse der animalischen Kräfte in uns, die Machenschaften der *nafs*, des zügellosen Egos im

Menschen. Die niedrigste Ebene des Egos, auf Arabisch *nafs al-'ammara* oder „befehlende Seele“ genannt, gebiert die destruktiven Impulse von Gier, Neid, Zorn, Hass und Eifersucht. Rumi vergleicht sie mit einer Horde ungebändigter Hunde.

„Wer sich von den Fesseln des Egos befreit, sieht nichts mehr als schlecht oder fremd. Ein jeder kann diesen Zustand erreichen. Es ist unsere Berufung, vor dem natürlichen Tod jene Ebene zu erreichen, die eines Menschen würdig ist“, sagt Wujudi.

Dann fragt er in die Runde: „Was ist unsere Verantwortung in dieser Zeit, in der alle egoistisch sind und niemand den anderen akzeptieren will? Rumi sagt uns: Spreng deine eigenen Grenzen! Reiß die Mauern ein, sodass dein Herz erleuchtet wird.“

Ich bemerke, wie Wujudis Worte Wärme in meiner Brustgegend auslösen. Manche der Seminarteilnehmer haben in meditativer Versenkung ihre Augen geschlossen. Einer leuchtet mit einer kleinen Taschenlampe auf die Seiten seines Buches, als könne er Wujudi so besser folgen. Ein anderer Mann, der unter der Kapuze seiner dicken Daunenjacke verschwunden ist, stößt in gelegentlicher Verzückung „Allah!“ aus. Die Studenten, Ladenbesitzer, Beamten, NGO-Mitarbeiter und Schriftsteller im Raum möchten von Wujudi lernen, sehen in ihm eines der letzten Glieder in einer jahrhundertelangen Kette von afghanischen Mystikern.

Obschon unsere äußeren Lebensumstände wenig Gemeinsames haben, lösen sich die Unterschiede zwischen mir und den Schülern auf. Jegliche Masken, die wir in unserem Alltag tragen, sind abgefallen wie die Häute einer Zwiebel. Wir sind nur noch Individuen auf der Suche nach dem Kern unserer Identität.

Wujudi trinkt einen Schluck Schwarztee und dreht sich zum Fenster. Sein Blick wandert nach draußen, von einem mit Stacheldraht belegten Wellblechdach über staubige Platanen auf die ewig knatternde und hupende Blechlawine Kabuls. Von dort auf die Minarette einer Moschee, dann auf den schneebedeckten Asamai-Berg mit seinen Fernsehmasten und Wohnhäusern. Ich frage mich, was er dort sieht. Sieht er, was ich sehe? Oder sieht er mehr?

„Mit unserem begrenztem Verstand können wir uns von unseren eigenen Götzen nicht frei machen. Es braucht die Kraft der Liebe, damit der Vogel unserer Seele befreit wird", fährt Wujudi fort. „Liebe führt den Menschen in wirkliche Freiheit."

Plötzlich ertönt neben mir ein langgezogenes Schluchzen. Es stammt von einem Paschtunen mit wässrigen Augen, der in eine zerschlissene Wolldecke gewickelt ist.

„Der Mensch ist in Wirklichkeit so groß, dass das Universum ein Teil von ihm ist. Was ist schon die materielle Welt dagegen?", fragt Wujudi. „Wir verspielen das Juwel in unserem Inneren, nur um nichtige, vergängliche weltliche Dinge zu erlangen."

Es sei nicht per se falsch, nach weltlichen Dingen zu streben, solange sie uns wirklich dienten. Allerdings sollten wir der Materie nie verfallen, sie nicht in unser Herz einlassen. Wujudi rezitiert aus dem Masnawi:

Wasser im Boot lässt das Boot untergehen, doch Wasser unter dem Boot ist eine Hilfe.

Nach den Fürbitten zum Ende der Sitzung schaut Wujudi zu mir herüber und sagt: „Gut für ihn. Er hat in

Deutschland studiert, aber seine Spiritualität ist am richtigen Fleck."

Verlegen schlage ich meine in eine afghanische Schlabberhose gekleideten Beine übereinander. Jemand lässt einen Teller mit zuckrigem Weißbrot herumgehen. Die Stille im Raum ist noch spürbar. Als alle aufstehen, gehe ich auf meinen paschtunischen Nachbarn zu. Um ins Gespräch zu kommen, frage ich ihn, wie er zur Gruppe gestoßen sei. Sein Gesichtsausdruck wirkt noch etwas entrückt.

Aziz Ahmad stammt aus der Provinz Laghman und verkauft seit zwanzig Jahren Schreibwaren auf dem Bürgersteig gegenüber von der Stadtbibliothek. Eines Tages, erzählt Aziz Ahmad, sei ihm in der Teepause der alte Wujudi aufgefallen, wie er aus der Bibliothek über den Asphalt gelaufen kam. Da hörte er eine innere Stimme, die ihm sagte, er müsse Wujudi treffen. Bei der nächsten Begegnung sprach er ihn an. Der Meister lud den Händler in den Masnawi-Unterricht ein. So betrat Aziz Ahmad zum ersten Mal eine Bibliothek und nahm an einem Lesezirkel teil. Seitdem habe sich sein Leben verändert.

„Mit meinem Einkommen gehöre ich zu den Schwächsten in der Gesellschaft", sagt der 47-Jährige. „Aber hier habe ich gelernt, mit wenig glücklich zu sein."

Auch drei Frauen sitzen im Raum. Eine von ihnen ist die Berufsschullehrerin Nasrin Khaleqi. Sie kennt Wujudi aus ihrer Zeit als Studentin, damals half er ihr bei der Literaturrecherche für die Diplomarbeit. Von diesem Zeitpunkt an kam Khaleqi zweimal die Woche in seinen Unterricht, seit 25 Jahren. Mit dem Wissen, das sie von Wujudi über die Mystik vermittelt bekam, unterrichtet sie nun ihre eigenen Studenten aus den Sufi-Klassikern.

Als ich Khaleqi frage, was sie an Wujudi besonders bewundert, antwortet sie mit leuchtenden Augen: „Wujudi ist zu allen so liebenswürdig, dass jeder denkt, er stünde ihm am nächsten. Jeder hat das Gefühl, dass er die meiste Aufmerksamkeit bekommt." Was sie in all dieser Zeit gelernt hat, fasst sie in einem Wort zusammen: Demut.

Edris Hashimi, ein 24-jähriger Betriebswirt im smarten Blazer, ist neu dabei und wirkt in Wujudis Gegenwart noch etwas schüchtern. Als Angestellter in einer Antikorruptionsagentur überprüft Hashimi das afghanische Bergbau- und Erdöl-Ministerium auf Misswirtschaft, schreibt Berichte und entwirft Reformen.

Vor einigen Monaten begab sich Hashimi auf die Suche nach dem Sinn seines Lebens. Auf Empfehlung einer Freundin hatte er den Roman *Die vierzig Geheimnisse der Liebe* von Elif Shafak gelesen. Dann entdeckte er bei YouTube einen Clip über Haydari Wujudis Lesegruppe. Er spürte, dass Wujudi ihm helfen würde, die Sufi-Gedichte, die er als Kind von seinen Eltern gehört hatte, zu verstehen.

„Früher habe ich mich dagegen gesträubt, mit Afghanen bestimmter Volksgruppen zu verkehren. Ich beurteilte Menschen nach ihrem Äußeren", sagt Hashimi mit gesenkter Stimme. Doch das änderte sich mit ein paar Worten, die er von Wujudi hörte: „Als Sufi musst du alle lieben. Es gibt kein Gut und kein Schlecht. Wenn dir etwas als schlecht erscheint, dann kommt das von deiner eigenen Betrachtungsweise."

Diese Sätze brannten sich ein und sind ihm seither zum Talisman geworden.

„Die diskriminierenden Denkmuster in uns entstanden im Bürgerkrieg der Neunziger", erklärt Hashimi. Damals massakrierten sich die unterschiedlichen Volksgruppen in Kabul gegenseitig. „Dabei haben wir vor den Kriegen friedlich miteinander gelebt." Zwar habe in seinem Elternhaus nie jemand schlecht über andere geredet, doch der Alltagsrassismus stecke in den Köpfen der Menschen fest. Selbst in seiner Generation, die während des Bürgerkriegs noch in den Windeln steckte.

„Der Sufismus kann helfen, die Einstellungen der Afghanen zu verändern", sagt Hashimi. „Nie habe ich in Afghanistan einen Ort wie Wujudis Bürozimmer gesehen, wo Menschen aus so unterschiedlichen sozialen Schichten aufeinandertreffen. Mystik bringt die Menschen zusammen. Vor allem in einer Zeit, in der es so viel gibt, das sie voneinander trennt."

Im Anschluss an die Lesestunde, kurz bevor sich die Wege der Teilnehmer zerstreuen, plaudern die Frauen noch miteinander, während sich die Männer im Nebenzimmer zum Gruppengebet zusammenfinden. Vor einem Ständer mit Magazinen legen sie ihre Schuhe ab, breiten Plastikmatten auf dem Fußboden aus und stellen sich in drei Gebetsreihen auf. Haydari Wujudi wirft sich hinter dem Vorbeter nieder. Nach der letzten Fürbitte stehen die Betenden auf, legen ihre Hände aufs Herz und umarmen sich. Ihre Gesichter wirken entspannt und aufgehellt, furchtlos auf eine Weise, wie es Menschen sind, die mit sich selbst und der Welt in Frieden leben.

* * *

Furchtlos sollte man in dieser Stadt auch sein, denke ich, als ich wieder auf die Straße trete. Mal schauen, wie lange mein meditativer Zustand nach der Unterrichtsstunde hier draußen anhält. Autos steuern aus allen Himmelsrichtungen aufeinander zu, blockieren und verkeilen sich. Fahrer drücken auf die Hupe, weil sie nicht aufs Gaspedal treten können. Mitten auf der Kreuzung schreien Wartende den Sammeltaxen Fahrtziele entgegen – sich durch Kabuls Straßen zu bewegen, bedeutet Kampf um jeden Zentimeter. Und viel Stau. Also entschließe ich mich, die drei Kilometer zu meiner Unterkunft zu Fuß zurückzulegen.

Mit einem mulmigen Gefühl im Bauch laufe ich an der Zufahrt zum afghanischen Außenministerium vorbei, einer Hochsicherheitszone. Zwischen Checkpoints, Sandsäcken, Schlagbäumen und geladenen Waffen wirkt die Bibliothek plötzlich wie ein Fremdkörper. Nach vierzig Jahren der Gewalt ist Kabul eine Stadt, die wie für den Krieg entworfen wurde. Ihre Bewohner sind den ewigen Zustand der Defensive gewohnt. Kaum ein Kabuler, der nicht schon einmal knapp einer Bombe entgangen ist, Freunde oder Angehörige im Krieg verloren hat oder für ein paar Jahre zum Flüchtling wurde.

Auf der gegenüberliegenden Straßenseite verläuft die Mauer des Bildungsministeriums. Davor sitzen professionelle Schreiber, die an Klapptischen für ihre Kunden Amtsbriefe verfassen – in Afghanistan liegt die Analphabetenquote bei rund sechzig Prozent. Sufi-Dichtung bleibt schon deshalb vielen verschlossen, denn auch die mündlichen Traditionen des Gedichtvortragens und Geschichtenerzählens sind heute viel weniger lebendig, als sie es noch vor Beginn der Kriege waren.

Eines der bunten Mauerbilder zeigt eine Hand, die eine winzige Kalaschnikow wie einen Füllfederhalter greift. Das

Ende des Tötungswerkzeugs mündet in einer Bleistiftmine. Darunter steht: „Lass zu, dass für ein Mal der Stift anstelle der Waffe spricht." Plötzlich schießen aus einer Gasse drei Militär-Pick-ups mit voll aufgedrehten Stakkato-Sirenen hervor. Ein Bettelmädchen, das auf dem Bürgersteig an der Kleidung von Passanten zupft, kann gerade noch zur Seite springen. Auf den Ladeflächen hocken Soldaten mit schusssicheren Westen neben einem Waffenarsenal, das Granaten, so groß wie Baseballschläger, enthält. Die Kolonne macht einen Heidenlärm, doch ich bin der Einzige, der ihr hinterherblickt.

Mir wird bewusst, welch gewaltiger Kontrast zwischen der Welt in Haydari Wujudis Zimmer und der Alltagsrealität der Kabulis besteht. Der Tod scheint in Kabul viel greifbarer als an den meisten Orten auf unserem Planeten. Hier lässt sich die Realität der menschlichen Sterblichkeit, der wir in unserer westlichen Komfortblase so gut wie möglich zu entkommen versuchen, nicht so einfach ausblenden.

* * *

Als Haydari Wujudi sein Erweckungserlebnis hatte, ging er gerade erst in die fünfte Klasse. Wujudi kam 1939 in einem Dorf im Pandschschir-Tal zur Welt. In dieser malerischen Berglandschaft nördlich von Kabul, bevölkert von stolzen Tadschiken, die für ihre Tapferkeit bekannt sind, verbrachte er seine Kindheit. Der Vater war ein Bauer und gleichzeitig belesener Dorfmullah, der vier Sufi-Orden angehörte.

„Er trug die Sichel am Gürtel, eine Schaufel auf der Schulter und stets ein Buch unter dem Arm", erinnert sich Wujudi, als ich ihn am Tag nach dem Lesezirkel zu seinem Leben befrage. „In meiner Kindheit liebte ich die Schönheit der Natur und die Schönheit der Mystiker. Beide sind wie Spiegel, in denen sich Gott manifestiert."

Eines Nachts hatte Wujudi einen Traum. Er befand sich im grasbewachsenen Innenhof eines Hauses, umgeben von Mauern, in der Mitte ein plätschernder Springbrunnen. Dort erschien ihm eine schöne Geliebte. Als er sich neben den Brunnen setzte, um mit ihr zu sprechen, hüpfte die Geliebte über eine der Mauern und rannte davon. In seinem Trennungsschmerz kam ihm sein allererster Vers in den Sinn: *Wer warst du? Du zeigtest dein Gesicht, raubtest mir das Herz und nahmst es mit.*

„Nach dem Traum war ich verwandelt. Ich verbrachte Tag und Nacht in einem liebestrunkenen Zustand", sagt Wujudi. „Ich wusste, dass meine Geliebte in Kabul war."

Wegen seiner eigentümlichen Verfassung musste Wujudi bald die Schule abbrechen und zog in die Hauptstadt. Eines Tages lernte er Sufi Ashqari kennen, einen Buchbinder im Kabuler Basar. Wujudi zeigte dem Mann das Schulheft, in dem seine ersten Gedichtverse standen. Dieser sprach ihm zu. Ashqari, ein angesehener Poet und Mystiker, wurde zu Wujudis spirituellem Ziehvater, den er besuchte, wann immer er Zeit fand. Fortan gab Ashqari dem jungen Dichter Schreibübungen in Reim und Metrum, redigierte seine noch unbeholfenen Strophen und wies ihn in die Feinheiten des Sufi-Lebens ein.

Sein liebestrunkener Zustand, meint Wujudi, wurde von Tag zu Tag stärker. Erst während des Wehrdiensts ließ die Erfahrung allmählich nach. Schon damals las Wujudi gemeinsam mit seinen Kameraden aus dem Masnawi. Einige Jahre später, in der Mitte der Sechziger, wurde ihm dann eine Stelle in der neu gegründeten Stadtbibliothek angeboten. Inzwischen hatte sich Wujudi in Kabuler Gedichtzirkeln einen

Namen gemacht. Als Angestellter der Bibliothek bekam er einen eigenen Schreibtisch zugewiesen und hatte neben dem Beruf viel Zeit zum Lesen und Dichten. Sein Arbeitszimmer avancierte bald zu einem Treffpunkt für Sufis und Suchende in dem kriegsversehrten Land.

Wujudi blieb Kabul treu, auch in den Neunzigerjahren, als die marodierenden Mudschaheddin seine Stadt in Blut tränkten und die Bibliothek plünderten, um Bücher an Wintertagen in ihren Öfen zu verheizen.

Neben den wöchentlichen Lesestunden hat Haydari Wujudi mehrere Bücher geschrieben, Kommentare zu Sufi-Klassikern und Aufsätze über die islamische Mystik. Vor einigen Jahren erschienen seine gesammelten Gedichte erstmals in einem Diwan. Sogar der afghanische Popsänger Farhad Darya verewigte Wujudis Verse in einem seiner Lieder.

Nach dem Gespräch über sein Leben scheint Wujudi in Erinnerungen versunken. In meiner Journalistenrolle würde ich ihn gern noch mehr fragen, weiß aber, dass zu viel Neugier den *adab* verletzen würde. *Adab* ist eine Art Sufi-Etikette und umfasst die Sensibilität eines angemessenen Verhaltens, gepaart mit Bescheidenheit, Höflichkeit und Respekt. Ich ziehe es also vor zu schweigen. Der Ruf zum dritten Gebet ertönt, während die goldene Nachmittagssonne durch die staubige Fensterscheibe ein Lichtspiel auf Wujudis Gesicht wirft.

„Achtzig Jahre bin ich umhergelaufen und doch nirgendwo angekommen", sagt Wujudi nach einer Weile, als die Stimme des Mullahs aus der Moschee zu uns hereindringt. Wujudi schaut zu den beiden Studenten im Raum, die vorbeigekommen sind, um jedes Wort des Alten aufzusaugen. „Der Mensch muss begreifen, warum er erschaffen wurde. Bemüht euch, einen Weg in die Herzen der Menschen zu finden. Sufi zu sein hat nichts mit Schulbildung und Worten zu tun. Der Sufi hat ein Herz so weiß wie Schnee."

Einer der beiden Studenten, Hussain Tawfiqy, hat seine Bachelorarbeit über Rumi geschrieben. Gemeinsam mit seinem Kommilitonen Mohammad will er Wujudi ein Exemplar seiner Arbeit überreichen. Der Meister wird sich Zeit für seine Zeilen nehmen, so wie er schon unzählige Studenten vor ihm betreut und beraten hat. Der Kontakt zur jungen Generation ist Wujudi wichtig, denn er möchte das Sufitum der Jugend näherbringen.

„Ist noch etwas unausgereift", entschuldigt sich Hussain, als er mir von seiner Forschung erzählt. Seine Arbeit trägt den Titel „Frieden und friedliche Koexistenz in der Mystik von Dschalaluddin Rumi – basierend auf dem Masnawi".

Der schüchterne 25-Jährige mit den Mandelaugen und einem sonnengegerbten Gesicht wuchs in der Provinz Daikundi südwestlich von Kabul auf. Dort besuchte er als Jugendlicher einen Masnawi-Lesekreis. Sein Vater ist einfacher Landwirt, die Familie lebt von der Hand in den Mund. In seiner Kindheit musste er selbst auf den Feldern mithelfen. Rumis Gedichte, erzählt Hussain mir, halfen ihm als Jugendlichem, dem beschwerlichen Dorfleben einen Sinn abzuringen.

„Ich habe in meiner Jugend sehr absolut gedacht und war überzeugt, dass es nur eine Wahrheit gibt, zu der ein einziger Weg führt. Das Denken und den Glauben anderer habe ich auf Grundlage meiner eigenen Vorstellungen beurteilt. Bis ich eines Tages einen Vers von Rumi las." Er rezitiert:

Wenn jemand sagt „Alle haben Recht", ist das Torheit;
und wer sagt „Alle haben Unrecht", der ist verdammt.

„Seitdem begegne ich den Gedanken von anderen mit viel mehr Vorsicht. Rumi hat mir geholfen, verschiedene Denkweisen zu akzeptieren."

Nach meinem Gespräch mit Edris Hashimi ist es schon das zweite Mal, dass ich höre, wie Rumi die Perspektive eines jungen Afghanen revolutioniert hat. Auch nach fast acht Jahrhunderten hat das Masnawi nichts von seiner Kraft eingebüßt, die Sicht des Menschen auf die Welt und das Universum, auf sich selbst und auf andere von Grund auf zu verwandeln.

Vor vier Jahren schaffte Hussain als einziges von sieben Geschwistern den Sprung nach Kabul zum Studieren. Er entschied sich für das Fach Philosophie, lernte die Gedanken von Kant und Nietzsche kennen. Die eigenen islamischen Denker wurden kaum thematisiert, denn Hussains Dozenten waren Experten für europäische Philosophen. Umso entschlossener war er, sich in das Weisheitserbe seiner Heimat zu vertiefen.

„Ich wollte ein Thema finden, das einen Beitrag dazu leisten kann, die Probleme in unserer Gesellschaft zu lösen. Die meisten denken, Frieden entstehe an runden Konferenztischen", erklärt Hussain. „Doch dieser Weg hat keinen Bestand. Selbst wenn sich die Führer einigen, gibt es im Volk weiterhin Tausende, die nach dem Blut des anderen dürsten. Diese Menschen haben gegeneinander gekämpft, wurden aufgestachelt."

Ein kleiner Anlass genüge, und man gehe sich wieder an die Gurgel. Die alten Konfliktnarben, von denen Hussain spricht, ziehen sich quer durch Afghanistan, hinein bis in die letzte Ortschaft. Auch in Hussains Dorf brachten sich Nachbarn um, die zuvor in Eintracht gelebt hatten. Selbst wenn dort nun äußerer Frieden herrsche, meint er, ließen sich Hass und Misstrauen nicht so schnell beseitigen.

„Psyche und Denkart von uns Afghanen haben sich mit dem Krieg geformt“, sagt Hussain. „Es kann keinen echten Frieden geben, solange sich nicht im Inneren der Menschen etwas wandelt.“

Da kommen Rumis Lehren ins Spiel.

„Jeder kann entsprechend seiner eigenen Fassungskraft etwas von diesen Gedichten lernen. Rumi schenkt dem Menschen innere Ruhe. Wer sich in die Mystik vertieft, wird befreit von so manchen der inneren Kämpfe im Leben“, sagt Hussain. „Einige fühlen sich angegriffen, wenn sie beleidigt oder schlecht behandelt werden. Als sei ihre Persönlichkeit von Zerstörung bedroht. Doch Rumi lehrt den Menschen, dass er in Wirklichkeit nichts zu verlieren hat.“

Mich beeindruckt, wie Hussain, der selbst aus den einfachsten Verhältnissen stammt, bei Rumi nach neuen, das heißt eigentlich nach alten Visionen für sein Land sucht. Wir verabreden uns für den kommenden Freitag. Hussain und Mohammad, so versprechen sie, wollen mich zu einem Rumi-Treff unter Kommilitonen mitnehmen.

Hussains Engagement erinnert mich an einen meiner liebsten Verse aus dem Diwan-e Schams:

Sag nicht: Alle führen Krieg, was bringt da schon mein Frieden? Du bist nicht einer, sondern Tausende. Zünde dein Leuchtfeuer an.

* * *

Drei Tage später steige ich in Pule Suchta aus, einem Viertel am westlichen Rand von Kabul, das wie viele Gegenden der Hauptstadt in den letzten Jahren ungeplant gewachsen ist. Nach dem Sturz der Taliban im Jahr 2001 siedelten sich hier Zugezogene aus ländlichen Regionen an. Das meiste ist improvisiert geblieben. Lkw-Container beherbergen Lebensmittelläden, matschige Feldwege verlaufen zwischen Lehmhäusern. Ein Mädchen mit rosigen Backen schaufelt den Abwasserkanal vor seinem Haus vom Schneematsch frei.

In einer der Gassen öffnet mir Hussain die Tür zu seiner Wohneinrichtung. Über einen Innenhof mit Wäscheleinen und Plumpsklo betreten wir ein dunkles Fünfzehn-Quadratmeter-Zimmer. Hussain teilt es sich mit zwei Freunden, die bereits auf dem Teppichboden warten. Ein paar Sitzpolster, Matratzen und ein Bündel Schlafzeug, das nachts ausgerollt und am Morgen wieder verschnürt wird – Platz für mehr gibt das Zimmer nicht her. Als Bücherregal dient ein waagerecht aufgestellter Pappkarton. Neben einer dicken Masnawi-Ausgabe lehnen Bände der Philosophiegeschichte, Soziologie und eine Sammlung mit Wujudis Gedichten.

Hussain schafft einen Blechkessel mit Grüntee herbei, dazu serviert er einen Apfel und ein Glas Honig aus Eigenproduktion vom Dorf. Er entschuldigt sich, das sei alles, was er anbieten könne. Hussain und seine Mitbewohner gehören zu den Hasaras, der drittgrößten Volksgruppe am Hindukusch. Als schiitische Minorität im mehrheitlich sunnitischen Afghanistan wurden die Hasaras in verschiedenen Epochen der afghanischen Geschichte verfolgt. Der Eindruck, nicht erwünscht zu sein, hat sich tief in ihre Psyche eingegraben.

Von der letzten afghanischen Regierung fühlten sich die Hasaras wirtschaftlich vernachlässigt und unzureichend geschützt. Seit einigen Jahren attackiert der afghanische Ableger des sogenannten Islamischen Staates vor allem Veranstaltungen und Plätze, an denen sich Hasaras aufhalten. Seit Hussain in Kabul wohnt, gingen im Umkreis weniger Kilometer von seiner Unterkunft immer wieder Bomben hoch: in einem Wrestlingclub, einer Lehranstalt, einer Polizeistation und einer Moschee. Schon bei der Ankunft in Pule Suchta waren mir die mit Blumenmustern verzierten Fotos von Märtyrern aufgefallen, die zumeist Gesichter von jungen Frauen und Männern zeigen.

„Die Bedrohung hat sich auf mein Gemüt ausgewirkt", sagt Hussain. Wie die meisten seiner Freunde bleibt er, so gut es eben geht, Menschenansammlungen, Gotteshäusern und Militärkonvois fern.

„Wir Afghanen sind im Unglück versunken. Seit vierzig Jahren leben die Menschen bei uns mit Gewalt", sagt Hussain. „Doch wenn wir die großen Mystiker dieses Landes zählen, sind es bestimmt mehr als hundert." Er erwähnt einige der bekannten Namen. „Wir haben uns von unserer Vergangenheit abgeschnitten, wissen diesen Schatz in unserer Kultur nicht zu nutzen."

Statt der strikten orthodoxen Auslegung des Islam, welche die Menschen zu Konflikten anstachele, müsse der Sufismus in die Lehrpläne der afghanischen Schulen und Korankurse aufgenommen werden. Das sei eine Langzeitaufgabe. Vielleicht eine von weiteren vierzig Jahren, gibt Hussain zu. „Aber der Sufismus kann uns in einen Frieden von Dauer führen, uns vor Extremismus und Blutvergießen retten."

„Ich träume von einem Afghanistan, in dem die Leute einander nicht als Ungläubige oder Muslime betrachten, sondern einfach nur als Menschen. Wenn mein Leben von all diesen Vorfällen unbeschadet bleibt, will ich es dieser Sache widmen."

Wir machen uns auf den Weg zum Rumi-Zirkel, den Hussains Freund Mohammad einmal in der Woche besucht. Draußen vor Hussains Tür fließt das, was einmal der malerische Kabul-Fluss war. Heute ist er ein ausgetrocknetes und müllverseuchtes Rinnsal. Ich halte die Luft an und springe im Zickzack über Schlammpfützen und Bioabfälle. Am gegenüberliegenden Ufer kauern ein paar Dutzend in Decken gewickelte Gestalten im Morast. Sie rauchen in kleinen Grüppchen aus Opiumpfeifen oder spritzen sich Heroin. Ich bin schockiert, doch Hussain nimmt die trostlose Szene von Kabuls Drogenbrennpunkt schon gar nicht mehr wahr.

Auf der Brücke, welche die rauchenden Grüppchen überspannt, preisen Gemüsehändler gestapelten Blumenkohl und Berge von Zwiebeln an. Jemand verkauft übereinandergeschichtete Ziegenköpfe aus einer Schubkarre, an einem Brett klemmen Fische mit Glubschaugen. Als gäbe es die schmutzige Welt der Abgehängten da unten nicht, verläuft oben der Existenzkampf derer, die nicht aufgeben wollen.

Nach zwei Kilometern Fahrweg gen Osten betrete ich plötzlich ein anderes Universum. Pule Sorch ist die Heimat von Kabuls Szenecafés, hippen, neuen Treffpunkten mit einem intellektuellen Touch, wie es sie auch in Berlin oder Beyoğlu gibt. Der bekannteste von ihnen heißt Café Simple und liegt in einer geschäftigen Einkaufsstraße. Vor dem Eingang knattert ein Stromgenerator. Studenten sitzen auf einer Holzbank, ins Gespräch vertieft. Ihre Hände umschließen dampfende Suppenschüsseln, manche rauchen. Neben der Tür hängt eine Pinnwand mit bunten Notizzetteln, auf denen Cafébesucher ihre Gedanken festgehalten haben; einige auf Dari und manche auf Englisch. Auf einem steht „Ich habe mich verlobt“, auf einem anderen „Auch dies geht vorüber“, daneben „Freie Frauen sind schönere Frauen“.

Im Inneren treffen sich überwiegend Männer in Winterjacken, Heizkörper gibt es nicht. Das Lokal ist bunt eingerichtet mit Zimmerpflanzen, bemalten Wänden und Bilderrahmen, in denen persische Kalligrafie neben einem Porträt von Frida Kahlo hängt. „Sollte in Kabul eines Tages eine Revolution ausbrechen, dann beginnt sie hier“, hatte mir ein Freund über das Café erzählt. Tatsächlich scheint der Laden für afghanische Verhältnisse ungemein progressiv, denn er wird von einer jungen Hasara-Frau geführt.

Jeden Freitag trifft sich Mohammad im Café Simple mit alten Schulkameraden, um über Rumi-Gedichte zu philosophieren. Die fünf Freunde sitzen um einen Holztisch, wir kommen dazu. Neben den Teegläsern liegen ein Roman von Dostojewski und eine Ausgabe mit Rumi-Gedichten. Gute Gesellschaft, denke ich.

„Früher traf man sich noch in der Moschee“, sagt Hojat, ein schlaksiger Mittzwanziger in Jeanshose und Sweatshirt. Er lacht. „Jetzt sitzen wir in Cafés.“

Hojat ist angehender Zahnarzt. Neben ihm in der Runde gibt es einen Psychologen, einen Jurastudenten und einen Wirtschaftswissenschafter. Was sie zusammenbringe, frage ich.

„Unsere Gleichgesinntheit“, antwortet Hojat. Er moderiert die heutige Runde, in der es um den Tod in Rumis Mystik geht.

Die Jungs lesen ein paar Verse aus dem Masnawi, dann beginnen sie zu diskutieren. Für Rumi gleiche der Tod einer Befreiung aus dem Gefängnis der Welt, meint ein Teilnehmer. Den Tod als Neubeginn zu sehen, mache ihn doch viel erträglicher. Wer nach einem überlieferten Ausspruch des Propheten Mohammed „das Sterben vor dem Sterben" erlerne, fürchte sich weniger vor dem physischen Tod. Gemeint ist mit diesem Sterben ein spiritueller Tod, das Aufgehen des ängstlichen, begrenzten Ichs in einem höheren Seinszustand.

Mohammad wirft ein: „Wenn wir in den Nachrichten von einem Anschlag mit Toten hören, reagieren wir mit einem kurzen Bedauern. Ein Problem entsteht erst dann, wenn sich unter den Opfern Familienangehörige oder Freunde befinden." Er macht eine Pause, denkt nach und fährt fort: „Eines der Sufi-Prinzipien ist es, die weltlichen Bindungen hinter sich zu lassen. Imam Ali sagt, der Tod sei wie der Umzug von einem Haus ins nächste."

Einer der Jungs erzählt von einem Freund, der 2015 auf dem Flüchtlingstrek von Afghanistan nach Deutschland gereist ist. Als die deutschen Behörden seinen Asylantrag ablehnten, verfiel er in Depressionen und nahm sich das Leben. Seine Leiche wurde im Sarg nach Kabul zurückgeflogen. Ich muss schlucken. Zum ersten Mal auf dieser Reise fühle ich mich bewusst als Deutscher, fast ein Stück mitverantwortlich für eine Politik, für die ich nichts kann. Ich erkläre, dass ich mich für den Umgang mit den afghanischen Flüchtlingen schäme.

Hojat meint resigniert, dass der Tod für ihn ohnehin schon zur Gewohnheit geworden sei. Ein anderer scherzt, auf Hojats Beruf anspielend, dass manche Zahnärzte ihre Patienten schließlich auch in Todessituationen brächten. Wir lachen über diesen Galgenhumor. In dieser Runde scheinen Rumis Verse wie ein Vorwand zum zwanglosen Alltagsphilosophieren. Wann schon sinniert man sonst mit seinen Freunden derart über den Tod?

* * *

In Haydari Wujudis Zimmer klopfte der Tod am 12. November 2018 an. Ein Granatsplitter flog durch sein Fenster, als sich ein Selbstmordattentäter an der Kreuzung vor der Bibliothek in die Luft sprengte. Der Splitter verfehlte Wujudi nur knapp und hinterließ ein Loch im Glas. Notdürftig überklebte man es mit transparentem Band. Wie ein Mahnmal klafft die gesprungene Öffnung nun neben dem Schreibtisch des Dichters und erinnert an den Unfrieden in der Welt da draußen.

Als ich Wujudi noch einmal besuche, finde ich ihn selbstversunken in seinem Bürosessel sitzend. Die Augen hat er halb geschlossen, sein Blick scheint auf einen unbestimmten Punkt im Straßenverkehr fixiert. Lautlos wandern die Perlen eines Gebetskettchens durch seine zittrigen Hände. Ich setze mich. Erst nach einer Weile bemerkt Wujudi, dass ich den Raum betreten habe. Er erhebt sich aus seiner Versenkung, um mich zu begrüßen.

Bevor die nächste Masnawi-Lesung beginnt, verschwindet Wujudi in einem kleinen Badezimmer in der Ecke des Raumes, um die rituelle Gebetswaschung zu vollziehen. Nach ein paar Minuten kommt er wieder hervor, setzt sich zurück in den Sessel und streckt die Beine in Richtung des alten Heizstrahlers aus. Sein Assistent bringt ein Handtuch herbei und trocknet dem Alten hingebungsvoll die Füße.

Dann zieht sich Wujudi Wollsocken über und kämmt sich den Bart und das spärliche Kopfhaar.

„Ich bin alt geworden. Wenn mein Körper auch schwach ist, meine Seele ist standhaft wie ein Berg. Bete dafür, dass Gott uns spirituelle Stärke gibt. Solange wir spirituell stark sind, verlieren die Schwächen des Körpers an Bedeutung."

Seine Worte berühren mich. Wie viel Wujudi und wie viel Rumi sitzt da eigentlich auf dem Drehstuhl? Ist es nicht ein und dieselbe Quelle, die dort zu mir spricht?

Indem Wujudi Rumis Geist fast 750 Jahre nach dessen Tod mitten ins rastlose Kabul trägt, überbrückt er die Grenzen von Zeit und Raum. Viele Kriege wurden in all diesen Jahrhunderten geführt, Herrschaften gestürzt und neu errichtet. Zahllose Menschen sind über die Erde gewandelt, ohne Spuren zu hinterlassen – doch Rumis Lehren, die unmittelbar aus der zeitlosen Quelle der Weisheit fließen, wirken frisch wie eh und je. Niemand in Afghanistan hat sich in den letzten Jahrzehnten so sehr darum bemüht, dass dieser Fluss nicht versiegt, wie Haydari Wujudi.

„Ich schätze mich glücklich, Sie kennengelernt zu haben", sage ich. Meine Worte fühlen sich eigenartig banal an.

„Du bist mein Helfer, ich bin deiner", entgegnet Wujudi. „Du nimmst meine Hand, ich nehme die deine. Du bist mein Wegweiser, ich bin deiner. So sieht unser Pfad in den Spuren der alten Meister aus. Maschallah."

Dann macht er sich auf, das Gesicht bis auf die Augen verhüllt mit Wollschal und Mütze. Ich frage mich, wie lange er seinen Weg nach Hause noch gehen wird, dieser Mann, den viele für den letzten großen Sufi-Meister Afghanistans halten, für den Hüter einer fast verflogenen Kultur.

Am Ausgang blicke ich Wujudi noch einen Moment hinterher. Er läuft forschen Schrittes, ungewöhnlich schnell für sein Alter. Die Soldaten am Eisentor nicken ihm kurz zu. Dann verschwindet er im Treiben seiner Stadt.

* * *

Epilog

Im Juni 2020 erhalte ich die Nachricht, dass Haydari Wujudi an den Folgen einer Coronaerkrankung gestorben sei. Während in Kabul Ausgangssperren herrschten, hatte Haydari Wujudis Unterricht nur noch online stattgefunden. Nach seiner letzten Lesestunde klagte Wujudi über Schmerzen und Fieber. Im Krankenhaus wurde festgestellt, dass sich der Meister mit Covid-19 infiziert hatte. Anfangs wurde er ärztlich versorgt, bat dann aber darum, nach Hause verlegt zu werden, wo er letztlich verstarb.

„Der *ostād* hatte keine Angst vor dem Tod. Er wusste, dass die Welt nur eine Durchgangsstation ist“, sagt mir Wujudis engster Schüler Sardar Nemat bei einem Telefongespräch. „Kurz vor seinem Tod erinnerte er uns noch einmal daran, dass er uns eine Verwahrung übergeben hat. Wir müssen nun Sorge tragen, dass diese Kerzenflamme weiter leuchtet.“ Nach dem Ende der Pandemie, so Nemat, wolle sich der Rumi-Zirkel wieder treffen.

Haydari Wujudi sei so standhaft wie ein Hindukusch-Berg, las ich in einem afghanischen Lobtext auf den Dichter. Ein Freund teilte zu Wujudis Tod ein Gemälde, das den alten Meister auf einer Parkbank sitzend über ein Buch gebeugt zeigt. Im Hintergrund sind die leere Felsnische der zerbombten Buddhas von Bamiyan, das Minarett von Dscham und ein berühmtes Grabmal aus Kandahar zu sehen. Neben Wujudi steht Rumi, der seine Hand tröstend auf die Schulter des Alten gelegt hat. Sein Turban hat die Farben der afghanischen Nationalflagge, als fühle sich Rumi dem Schicksal Afghanistans verbunden.

Die zweite Machtergreifung der Taliban erlebte der Weisheitshüter aus der Kabuler Stadtbibliothek nicht mehr. Wujudis Geist wird trotz aller Herausforderungen, denen Afghanistan weiterhin begegnet, in den Schülern fortbestehen. Ich schätze mich glücklich, den Meister gut vier Monate vor seinem Tod getroffen zu haben.

2. Ein Laden der Einheit
Iran

Das, was du dir als Schatz vorstellst, ist eine Phantasie, durch die du den Schatz verlierst.

Teheran, Januar 2014

„Wonach auch immer wir suchen, es ist bereits in uns." In schwunghaften Linien von rechts nach links tauchen die Buchstaben an der Tafel auf, besprenkelt mit filigranen Punkten. Ich sitze im Masnawi-Unterricht für Ausländer am Sprachinstitut der Uni Teheran. Gemeinsam mit Kommilitonen aus Korea, Italien, den USA und Deutschland versuche ich mich an den Versen von Rumi. Jeder von uns bringt seinen eigenen Akzent mit, doch uns eint die Begeisterung für die persische Sprache. Rhythmus, Betonung und Aussprache eines Rumi-Gedichts zu treffen, das habe ich schnell gemerkt, ist eine spirituelle Praxis für sich.

Die kurvigen, etwas wackeligen Farsi-Worte meines Professors, die ich in mein Notizheft abgeschrieben habe, hallen in mir nach. Ich spüre eine Welle der Freude in meine Magengegend schießen. Mein Atem hat sich verlangsamt. Es ist, als ob sich meine Brust weitet. Das Gefühl hat etwas Vertrautes und ist doch frisch und einzigartig. Eine tiefe Stille, wie ich sie mitunter beim Reisen oder Meditieren erlebt habe, schiebt meine Gedanken beiseite. Alles erscheint auf einmal klarer und wirklicher. Ich habe Gewissheit: Das ist es, wonach ich suche. Deshalb bin ich hier.

Unser *ostād* Dr. Shahbazi hat eine sanfte Stimme, die im Kontrast zu seinem kräftigen Körperbau steht. Shahbazi trägt eine Anzughose, darüber einen Pullover mit Reißverschluss am Kragen und auf der Nase eine rahmenlose Brille, die ihm den Anschein eines ganz normalen Akademikers verleiht. Doch seine strahlenden Augen, die Tausende von Rumi-Gedichten gelesen haben, unterscheiden ihn vom durchschnittlichen Unidozenten.

Seit Jahren führt Shahbazi im Norden der iranischen Hauptstadt ausländische Studenten ins Masnawi ein. Doch er vermittelt nicht allein Wortschatz und Grammatik. Der Alchemie von Rumis Versen kann sich niemand so leicht entziehen. Shahbazis Begeisterung für Rumis Lehren, sein Wissen, gepaart mit Wärme, berühren viele Schüler. „Oft bemerke ich Veränderung auf den Gesichtern meiner Studenten. Ihre Energie wandelt sich“, sagt Shahbazi Jahre später einmal zu mir. „Sie werden schlichtweg nicht müde, auch wenn der Unterricht von neun Uhr morgens bis in den späten Nachmittag dauert.“

In jenem Teheraner Winter öffnet sich mir ein Fenster zu einer neuen Welt voll sprachlicher Schönheit und subtiler Weisheit. Die persische Sufi-Dichtung schafft, wie es der iranische Philosoph Seyyed Hossein Nasr ausgedrückt hat, „eine Art himmlische Atmosphäre für die Seele zum Atmen“.

Als ich auf meiner Überlandreise gen Indien nach dem Abitur Iran zum ersten Mal betrat, verspürte ich eine intuitive Affinität zum musikalischen Klang des Persischen. Die Sprache erschien mir auf eigentümliche Weise vertraut. Es war, als sei ich schon einmal dort gewesen und nun nach langer Zeit zurückgekehrt. Iran stillte in mir eine Sehnsucht, von der ich nicht wusste, dass sie existierte.

Das Land, welches ich erleben durfte, war so grundlegend anders als die Bilder faustschwingender Eiferer, Flaggenverbrenner und keifender Potentaten, die uns im Fernsehen serviert werden. Angetrieben durch meine Begegnungen mit gastfreundlichen Iranern entwickelte ich einen fast missionarischen Eifer, meinen Freunden in Deutschland zu erklären, dass Iran überhaupt nicht so sei, wie sie dachten. Denn was heute angesichts zahlreicher YouTube-Videos mit Titeln wie „You think Iran is scary?" fast plattitüdenhaft wirkt, war damals noch eine überraschende Erkenntnis.

„Wisst ihr, dass sich jeden Tag scharenweise junge Iraner an Hafis' Mausoleum in Schiras dessen Gedichte vorlesen?", pflegte ich meine Freunde daheim zu fragen. „Das ist, als strömten deutsche Jugendliche nach Weimar an Goethes Grabmal, um einander aus dem *Faust* vorzulesen!"

Vor den Reisen durch Iran hatte Dichtung nie eine Rolle in meinem Leben gespielt. Heimische Lyrik, das war Pflichtlektüre und trockene Gedichtanalyse aus dem Deutschunterricht. All dies war irgendwie angestaubt und kitschig antiquiert, ein kulturelles Fossil ohne Bezug zu meiner Lebensrealität. Rumi jedoch fühlte sich anders an. Bis heute tue ich mich schwer damit, zu erklären, warum mich die Verse eines mittelalterlichen Mystikers – dazu noch in einer Sprache, mit der ich nicht aufwuchs – derart berühren.

Wann immer mich jemand fragte, woher meine Verbindung zu Iran stammte, fehlten mir die Worte. Was war es, das mich auf einer Wellenlänge mit der iranischen Spiritualität schwingen ließ? Stillte meine Beziehung zu Iran einen

Durst, den meine eigene Kultur nicht zu löschen vermochte? Oder waren das, wie man im New-Age-Sprech sagen würde, Relikte „aus einem früheren Leben“?

Rumi sagt, dass es dort, wo der Verstand nicht weiterweiß, besser ist zu schweigen:

> *Wie auch immer ich die Liebe erkläre; sobald ich zur Liebe komme, schäme ich mich dafür.*
> *Wenn auch die Zunge vieles erklären mag, so ist stille Liebe doch klarer.*

Rumi durchkreuzte Persien auf seinem Weg nach Anatolien. Sein Vater Bahauddin Valad verließ Balch, als Rumi etwa fünf Jahre alt war, und ließ sich mit der Familie zunächst im nördlich gelegenen Samarkand nieder, einer Stadt, deren Ruhm im islamischen Mittelalter fast sprichwörtlich war.

Doch nach ein paar Jahren fasste Bahauddin den Entschluss, der Region Chorasan den Rücken zu kehren. Über die Gründe des Exodus der Valads gen Westen wurde oft spekuliert: Manche Rumi-Biografen nehmen an, dass die Familie aus Furcht vor Dschengis Khans heranziehenden Horden flüchtete, die 1221 in Balch einfielen und die Stadt dem Erdboden gleichmachten – ein Überfall, bei dem Tausende Einwohner ums Leben kamen.

An dieser Version wird jedoch gezweifelt. Es sei wahrscheinlicher, so sagt ein Teil der Rumi-Forschung, dass Bahauddin schon vor der mongolischen Bedrohung mit den politischen Zuständen in Balch unzufrieden war. Auch könnten Meinungsverschiedenheiten mit anderen islamischen Predigern bei der Migration eine Rolle gespielt haben. Vor allem aber sehnte sich Bahauddin nach einer prestigehaften Anstellung an einem Ort, wo seine Gelehrsamkeit geschätzt würde.

Die Auswanderung in Richtung Anatolien war für die entwurzelten Valads eine Reise ins Ungewisse. Wie jeder Flüchtling wusste Bahauddin nicht, was ihn in der neuen Heimat erwarten würde. Sein Antrieb waren Pioniergeist und viel Hoffnung, sicherlich auch eine Prise Abenteuerlust und die Aussicht, auf dem Weg die Pilgerfahrt nach Mekka zu unternehmen. Für den Teenager Rumi, der sich an der Schwelle zum Mannsein befand, muss die Migration eine prägende Erfahrung in seinem Leben gewesen sein.

Im Lichte des Exodus lässt sich vielleicht erklären, warum Rumi das Masnawi mit der Metapher der *ney*, der Rohrflöte beginnt, die aus dem Röhricht geschnitten wurde und sich klagend in ihre Heimat zurücksehnt. Natürlich hat diese Metapher, wie immer bei Rumi, eine tiefer reichende Bedeutung: Die Rohrflöte symbolisiert die schmerzhafte Trennung des Menschen von seiner eigentlichen Heimat und die Sehnsucht der Seele, an ihren Ursprung zurückzukehren.

Um zur Flöte zu werden, wird das Schilfrohr in den Händen des Flötenbauers ausgehöhlt – so wie auch wir Menschen auf dem Weg der Vervollkommnung leer werden müssen von all unseren Wünschen und egoistischen Zügen. Dann bohrt der Meister mit einem glühend heißen Eisen Löcher in das Flötenrohr. Dieser Schritt steht für all die Prüfungen und Schwierigkeiten, die der Aspirant auf dem Weg der Reifung erfährt. Erst am Ende, nach aufwendiger Bearbeitung, kann der Atem des göttlichen Flötenspielers durch den Körper der von sich selbst ausgehöhlten *ney* strömen:

Höre auf die Geschichte der Rohrflöte,
wie sie von den Trennungen klagt:
„Seit sie mich aus dem Röhricht schnitten,
hat meine Klage Mann und Frau zum Weinen gebracht.
Ich suche nach einer von Trennung zerrissenen Brust,
damit ich von meinem Sehnsuchtsschmerz sprechen kann."

Torbat-e Dscham, März 2019

Alles ist erdbraun, die Felder, die Lehmmauern, selbst die Schafe, die über den Acker trotten. Manchmal tauchen zarte Farbtupfer violetter Safranblüten auf, denn der Nordosten Irans ist ein Zentrum des Safrananbaus, neben Erdöl und Teppichen eines der wichtigsten Exportprodukte des Landes. Am Horizont geht die feuerrote Sonne auf. Es klopft an die Abteiltür.

„Bitte falten Sie Ihre Bettlaken", sagt der Zugbegleiter, es seien nur noch wenige Minuten bis Maschhad, der zweitgrößten Stadt Irans.

Es ist der dritte Tag im iranischen Kalenderjahr 1398. Meine Reise liegt in der landesweiten Ferienzeit zum Neujahrsfest Nouruz. Ich verabschiede mich von meinen Mitreisenden, die sich mit mir ein Abteil im Nachtzug aus Teheran geteilt haben. Das offenkundig frisch verliebte Pärchen befindet sich auf Pilgerfahrt zum Schrein von Imam Resa, dem wichtigsten religiösen Heiligtum Irans, welches zu Ehren des achten Imams der Schiiten errichtet wurde. Iran ist seit der Zeit der Safawiden im 16. Jahrhundert ein mehrheitlich schiitisches Land. Der riesige Schreinkomplex von Maschhad besitzt eine wichtige

Symbolfunktion für die iranische Regierung, die mit der Revolution von 1979 eine politische Version des Schiismus zur Staatsdoktrin erhob.

Am Rande der Bahnschienen tauchen alte Fabriken auf, daneben ein Schrottplatz und eine Mauer mit Gemälden, auf denen die Islamische Revolution verherrlicht wird. Aus dem Lautsprecher ertönen ein Lobgesang auf den Propheten Mohammed und ein theatralisches Segensgebet für die Märtyrer der Islamischen Republik. Im öffentlichen Raum Irans ist der Politik kaum zu entkommen.

In Maschhad steige ich um in einen klapprigen Bus, der mich die letzten 160 Kilometer nach Torbat-e Dscham bringt – eine Kleinstadt nahe der afghanischen Grenze, die sich wie ein Relikt aus den goldenen Zeiten Chorasans ihr poetisches und musikalisches Erbe bewahrt hat. Torbat-e Dscham bedeutet übersetzt „Grabstätte von Dscham". Gemeint ist damit das Mausoleum des mittelalterlichen Predigers Sheikh Ahmad-e Dscham, eines bis heute vor allem bei den Sunniten der Region verehrten Lokalheiligen. Rumi selbst war zwar nie in Torbat-e Dscham, doch hier – auf halber Strecke zwischen Maschhad und dem afghanischen Herat – wird seine Lehre seit Jahrhunderten besonders in Ehren gehalten.

Um die dreistündige Busfahrt zu verkürzen, höre ich mir auf dem Handy eine Vorlesung von Herrn Shahbazi an. Seine Erklärung des Ausdrucks *inschallah*, „so Gott will", bleibt bei mir hängen. In ihrem tieferen Sinn beschreibt diese im muslimischen Alltag zur Floskel gewordene Ausdrucksform eine innere Haltung. *Inschallah* bedeutet, den eigenen Willen dem Willen Gottes zu unterwerfen und sein Vertrauen in eine höhere Planung zu setzen.

Die Erkenntnis, dass nicht alles in unseren Händen liegt, sondern eine göttliche Intelligenz die Fäden zusammenhält, so Shahbazi, führe zu Demut und Genügsamkeit. Zudem lasse sich jemand, der *inschallah* sagt, die Möglichkeit offen, dass seine Pläne eine unerwartete Wendung nehmen, sie sich vielleicht sogar günstiger entwickeln als ursprünglich mit dem eigenen Verstand erdacht. *Inschallah* heiße, im Leben Raum zu lassen für das Unerwartete.

Ich schließe meine Augen und lasse die Auslegung in mir sinken. Als ich gegen Mittag am Busbahnhof aussteige, bildet sich in meinem Kopf ein Gebet: Möge Gott meine Tage in Torbat-e Dscham lenken und mir die richtigen Erfahrungen schenken. *Inschallah*, füge ich hinzu, schultere meinen Rucksack und laufe los in Richtung Stadtzentrum.

Die Straßen von Torbat-e Dscham sind wie leergefegt. Das Einzige, was geöffnet hat, ist eine Reihe von Lebensmittelläden, vor denen Ständer mit Chips und eingetütetem Weißbrot stehen. Gerade bin ich auf den Imam-Chomeini-Boulevard abgebogen, als ich aus dem Augenwinkel ein Auto wahrnehme, das mir im Schritttempo zu folgen scheint. Ich laufe weiter, ohne zur Seite zu schauen. Auf einmal hält das Auto an, holt mich dann aber wieder ein. Allmählich wird mir etwas mulmig zumute. Plötzlich geht die Fensterscheibe herunter.

Vom Steuer ruft mir eine Frauenstimme entgegen: „Entschuldigen Sie, kennen Sie den Weg in die Stadt?“

Überrascht drehe ich mich zur Seite und entgegne auf Persisch: „Nein, ich bin auch nicht von hier.“

„Schomā irāni hastid?“, sind Sie Iraner?

Ich verneine und stelle fest, dass die Frage nach dem Weg eine Masche war, um meine Herkunft herauszufinden. Als ich diese preisgebe, blickt mich die zweite Frau auf dem Nebensitz, die eine Jeansjacke trägt, überrascht an.

„Deutschland? Wirklich?", fragt sie, nun auf Deutsch.

Kurzerhand laden mich die beiden Damen auf die Rückbank ein. Dankbar setze ich meinen Rucksack ab. Dies muss das erste Mal sein, dass mich zwei Frauen zum Trampen einladen, denke ich amüsiert. Aufgeregt schildert mir Nadia, die Beifahrerin, dass sie seit einigen Monaten in Deutschland lebt, um sich zur Ärztin ausbilden zu lassen. Ich bin verdutzt. Wie ich nun erfahre, wohnt Nadia eine gute Stunde Autofahrt von meinem norddeutschen Heimatort entfernt. Ihr nahezu flüssiges Deutsch ist beeindruckend.

Eine Viertelstunde später betrete ich als Überraschungsgast die Neujahrsfeier von Nadias Großfamilie. Ob es nicht seltsam sei, wenn ich einfach auf dem Familienfest auftauche, habe ich sie und ihre Schwester Fariba, eine Englischlehrerin, noch gefragt. Nein, gar nicht, und so schwinge ich bald in Gesellschaft von herausgeputzten Enkelkindern und wohlfrisierten Frauen in hochhackigen Schuhen meine Hüften zu iranischer Popmusik. In der Mitte der Tanzfläche begrüßen mich die Eltern des Clans, ein ernst dreinschauender älterer Herr und ein herziges Mütterchen mit altbackenem Kopftuch. Tatsächlich scheint sich niemand über mich zu wundern.

Nach der Busfahrt freue ich mich über die Gelegenheit, meinen Körper durchschütteln zu können, auch wenn ich die feminin fließenden Tanzbewegungen iranischer Männer schon immer etwas gewöhnungsbedürftig fand. Anschließend wird Reis und *gheyme*, Linseneintopf mit Hammelfleisch, serviert. Dazu gibt es Cola. Als Vegetarier lasse ich den Hammel liegen und stelle mich Nadias sieben Geschwistern vor, von denen die meisten inzwischen in den Großstädten Karriere machen. Torbat-e Dscham ist für sie ein langweiliges Provinznest, in dem es an Arbeit mangelt. Umso verwunderter scheinen sie, dass es mich hierher getrieben hat.

Als ich mich loseise, muss ich noch einmal an *inschallah* und mein spontanes Gebet am Busbahnhof denken. Diese Einladung zu einer Party hätte ich nun wirklich nicht planen können! War ich nicht nach Torbat-e Dscham gekommen, um an Schreinen zu meditieren und tiefgründige Gespräche über Rumi zu führen? Ich schmunzele. Liebte nicht auch Rumi den Tanz und die Musik? Wo steht geschrieben, dass Spiritualität nur ernst und andächtig sein muss?

* * *

In Torbat-e Dscham komme ich bei einem Chorasaner Barden, meinem Freund Abdollah Abdi, unter. Die meisten nennen ihn schlicht Abdi. Der Musiker Mitte vierzig hat ein gebräuntes Gesicht, krauses nass gegeltes Haar und einen Vollbart. Er trägt einen Strickpulli, denn trotz Nouruz sind die Temperaturen immer noch nicht so recht frühlingshaft. Wir sitzen auf dem Wohnzimmerteppich. Abdi bringt eine Schüssel mit Apfelsinen. Über dem Gasheizer hängt eine Kalligrafie der *Fatiha*, der ersten Sure des Koran, geschrieben in der eleganten *nastaliq*-Schriftart.

„Torbat-e Dscham ist eine Sackgasse. Kaum jemand kommt hierher", sagt Abdi und meint damit die geografische Lage seiner Stadt im äußersten Osten Irans. „Deshalb bin ich froh, dass du hier bist. Jeder Gast ist für uns ein Geschenk Gottes. Kennst du die Geschichte von Ibrahim ibn Adham?"

Ich verneine. Ibrahim ibn Adham ist ein sagenumwobener König, der im achten Jahrhundert in Balch regierte und seinen Thron, ähnlich wie Gautama Buddha, zurückgelassen haben soll, um ein asketisches Leben zu führen. Erzählungen zufolge pflegte Ibrahim ibn Adham nur zu essen, wenn er zumindest einen Gast an seinem Tisch sitzen hatte. Kam niemand, so blieb er hungrig – islamische Gastfreundschaft auf die Spitze getrieben.

Abdis große Liebe ist die *dotār*, eine Langhalslaute, die in Zentralasien beheimatet ist und in leicht abgewandelter Form in Afghanistan, Turkmenistan, Usbekistan, Tadschikistan und China gespielt wird. Die *dotār* ist, wie ihr Name verrät, zweisaitig – *„do"* bedeutet „zwei" und *„tār"* Saite. Das Instrument hat eine epische, ursprüngliche Klangfarbe, als habe es etwas vom alten Chorasan in seinem bauchigen Maulbeerholzkorpus konserviert.

Es ist wahrscheinlich, dass auch Rumi den Klang der Lauten von Chorasan zu hören bekam. Sein Lieblingsinstrument jedoch ist die *rubāb*, eine in Afghanistan beheimatete Laute, die in seinen Versen immer wieder auftaucht.

„Pushide chon jān miravi …" Abdi sitzt im Schneidersitz, streckt den rechten Fuß von sich und singt mit geschlossenen Augen und kräftiger Stimme einen bekannten Rumi-Ghasel:

So geheimnisvoll wie die Seele schleichst du dich mitten in meine Seele;
O Glanz meines Gartens, du bist meine anmutig wiegende Zypresse.
Wenn du gehst, so geh nicht ohne mich, o Seele meiner Seele, geh nicht ohne meinen Körper;

Und geh mir nicht aus den Augen, o meine lodernde Fackel.

Abdis Gesicht ist von Leidenschaft verzogen. Erst wiegt er sachte hin und her, dann wirft er bei schnelleren Rhythmen den Oberkörper zu beiden Seiten. Mal streichelt er die Saiten, mal schlagen seine Finger auf sie ein und mal gleiten sie von oben herab, um sich dann zu einem rasanten Tremolo zu steigern. Dazu schnellt sein rechter Arm theatralisch in die Luft.

Die Musik Westchorasans ist eng mit der persischen Tradition des Geschichtenerzählens verknüpft. Die Volkslieder der Region basieren auf lokalen Legenden, die vom Leben auf dem Land, von Herzschmerz und unerfüllter Liebe oder von den Wundertaten großer Sufis erzählen. In einer Zeit, in der die traditionellen Initiationsstrukturen der Sufi-Orden ihre Kraft verloren haben, ist die Musik ein wichtiges Medium, um die Lehren der Mystiker weiterzutransportieren. Torbat-e Dscham und die umliegenden Dörfer sind wie ein Sammelbecken dieser folkloristischen Traditionen – es gibt kaum eine Familie, in der nicht zumindest eine Person *dotār* spielt.

Viele der regionalen Melodien stammen aus den Musikschulen von Herat. Die ehrwürdige Kulturhauptstadt der Region liegt nur zwei Tagesritte gen Osten entfernt. Heute wären es wohl drei Autostunden, gäbe es die Grenze nicht.

Abdis Familienwurzeln liegen in der afghanischen Provinz Badghis. Um nicht unter der Herrschaft der britischen Kolonialherren leben zu müssen, wanderten seine Vorfahren vor 150 Jahren gen Westen nach Torbat-e Dscham aus. Afghanistan liegt nur achtzig Kilometer entfernt, doch die politischen Verhältnisse lassen es seit Jahren nicht zu, ins Nachbarland zu reisen. Seufzend kommentiert Abdi: „Grenzen sind nicht gut für Weisheitssucher."

Abdis Vater war Bauarbeiter und dichtete in seiner Freizeit. Eines Tages fiel er vom Dach und brach sich beide Arme und Beine. Der Unfall ließ ihn in Frührente gehen. Nun lag es an Abdi, den Familienunterhalt zu bestreiten. Fünfzehn Jahre lang stellte er sich jeden Morgen auf den großen Kreisel im Stadtzentrum und wartete, dass ein Dienstherr ihn in seinen Pritschenwagen rief. Seine Arbeit als Tagelöhner war Schuften mit bloßen Händen, mal als Lastenschlepper, mal als Zimmermann, mal als Ziegelmacher oder Maurer.

„Damals habe ich mich oft beklagt. Erst im Rückblick verstehe ich, wozu das alles gut war", sagt Abdi. „Die Schwierigkeiten haben mich weichgekocht. Es ist wie mit einer Sprungfeder. Jahrelang hat sich in meinem Leben Spannung aufgebaut, damit ich eines Tages nach oben springen konnte."

Wie die meisten in Torbat-e Dscham stammt Abdi aus einer sunnitischen Familie. Im zu neunzig Prozent schiitischen Iran sind allein die Grenzregionen sunnitisches Territorium: Im Westen und Südwesten leben sunnitische Kurden und Araber, im Nordosten Turkmenen und Chorasaner, im Südosten die Balutschen. Als Sunnit bekam Abdi die Krankheit des Konfessionalismus zu spüren – in der Schule und beim Wehrdienst wurde er schikaniert, die Filmschule in Teheran wollte ihn nicht aufnehmen.

Heute ringt Abdi wie so viele Musiker im Land mit den Auflagen der iranischen Kulturbehörde. Die Behörde macht Musikern das Leben schwer, indem sie immer wieder Konzertgenehmigungen zurückhält oder Liedtexte zensiert. Manche Musiker haben angesichts dieser Hürden längst resigniert, andere finden kreative Wege, damit umzugehen.

Mit einer brillanten Metapher von Trauben, die sich dagegen sträuben, Wein zu werden, erklärt Rumi, dass die Schwierigkeiten im Leben unserem eigenen Fortschritt dienen, auch wenn wir das inmitten unserer Probleme selten so sehen:

Die Trauben meines Körpers werden nur zu Wein,
wenn der Winzer mit seinen Füßen auf mir stampft.
Wie die Trauben übergebe ich meinen Geist an sein Stampfen,
sodass mein innerstes Bewusstsein in Freude schwelgen kann.
Selbst wenn die Trauben weiterhin Blut weinen und sagen:
„Ich habe genug von dieser Ungerechtigkeit und Grausamkeit",
so steckt der Stampfer sich Baumwolle in die Ohren (und spricht); „Ich presse nicht aus Unwissenheit. Wenn ihr dies leugnen wollt, so habt ihr eine Entschuldigung, aber ich bin der Meister dieses Werkes.
Sobald ihr durch meine Bemühungen und mein Keltern Vollkommenheit erlangt, werdet ihr mir überaus dankbar sein."

* * *

Am nächsten Tag machen wir uns auf den Weg zum Heiligtum von Sheikh Ahmad-e Dscham, dem Namensgeber der Stadt. Unterwegs hält Abdi mindestens ein Dutzend Mal an, um Bekannte zu begrüßen, die uns über den Weg laufen. Er tut dies nicht formelhaft, sondern mit einem warmen Lächeln und netten Worten, die jedes Mal einem ungeschriebenen Protokoll folgen: Austausch von guten Wünschen für das neue Jahr, dann die Frage, ob es der Familie gut geht, gefolgt von einem Smalltalk über Beruf und Handel.

Einmal begegnen wir einem älteren Herrn in afghanischer Tracht. Abdi flüstert mir zu, der Mann sei ein *mowlāvichān*, also ein Vorleser von Rumis Gedichten. Er verspricht, mir in den nächsten Tagen einen der namhaften Rumi-Kenner von Torbat-e Dscham vorzustellen.

Vor der Türschwelle zum Grabmal von Sheikh Ahmad-e Dscham, die mit Teppichen ausgelegt ist, ziehe ich meine Schuhe aus. Ein langer roter Läufer führt über den Innenhof des Mausoleums, der von einem prachtvollen, mit feinen blauen Mosaiken und koranischer Kalligrafie verzierten *iwān* dominiert wird. Fast scheint es, als gehe der Moscheenhochbogen mit seinen zwei achteckigen Minaretten direkt in den Himmel über. Den *iwān* ließ der Safawiden-Herrscher Schah Abbas im 16. Jahrhundert erbauen. Abdi erzählt mir eine Legende, nach der Schah Abbas bei seinem Besuch des Mausoleums so von der Atmosphäre des Ortes eingenommen gewesen sein soll, dass er unverzüglich ein Gedicht zu Ehren von Sheikh Ahmad-e Dscham verfasste.

Am Rande des Hofs befindet sich eine Ansammlung alter Grabsteine, die mit den Namen von Derwischen vergangener Jahrhunderte beschriftet sind. Am Ende von Sheikh Ahmad-e Dschams Grab steht ein sandfarbener Gedenkstein. Das Besondere an diesem Ort ist jedoch ein alter Pistazienbaum, dessen knorrige Äste mitten aus dem Grab heraus in alle vier Himmelsrichtungen streben. Der Baum hat sich über die Jahre Öffnungen in die Wände des Grabes gebohrt, aus welchen er nun hervorsprießt, so als wolle er uns mitteilen: „Spreng die Grenzen deines eigenen Grabes! Da draußen existiert noch eine andere Welt!"

„Ich habe den Baum noch nie gegossen", sagt Herr Seddiq, der quirlige Schreinwächter. Der Baum, meint Seddiq, sei 800 Jahre alt und ernähre sich einzig und allein von Regenwasser – ein Stück wilder Natur inmitten des von Menschenhand erbauten Mausoleums. Der Pistazienbaum strahlt eine unerschütterliche Präsenz aus, so als lebe das Wesen des Heiligen in ihm weiter. Ich beobachte ein kleines Mädchen, das ein grünes Schleifchen an einem der grauen Zweige festknotet und dabei ein leises Gebet murmelt. Was sie sich wohl wünscht?

Wer in Torbat-e Dscham seinen Stammbaum auf Ahmad-e Dscham zurückverfolgen kann, genießt als Nachkomme des Sheikhs besonderes Ansehen. Der Legende nach war der junge Ahmad ein Taugenichts und Weintrinker mit schlechten Manieren, weshalb er sich seinen Beinamen verdiente, der von *dschām* (Weinkelch) abstammt. Mit 22 hatte Ahmad ein Erweckungserlebnis. Daraufhin entsagte er der Welt und verschwand zum Meditieren in den Bergen. Im Alter von vierzig Jahren kehrte der Asket in die Gesellschaft zurück und ließ an der Stelle, wo jetzt das Grabmal steht, eine Moschee und eine *khānqāh*, eine Sufi-Loge, erbauen. Ein halbes Jahrhundert predigte Ahmad-e Dscham mystische Frömmigkeit und schrieb islamische Lehrbücher.

Wie Rumi gründete auch Ahmad-e Dscham keinen eigenen Orden. Stattdessen betonte er die Wichtigkeit des Dienstes an den Mitmenschen. Liest man Ahmad-e Dschams Schriften, so entsteht der Eindruck eines strengen Verfechters der Orthodoxie, aber auch eines toleranten Gelehrten, der bereit ist, dem Menschen ein Leben voller Sünden zu verzeihen, solange nur der letzte Augenblick von Gottesgedenken und Reue geprägt ist. Rumi wurde gut sechzig Jahre nach Ahmad-e Dschams Tod geboren. Es ist anzunehmen, dass Rumi im mystischen Klima Chorasans schon einmal von Ahmad-e Dscham hörte.

Ich nehme unter dem *iwān* Platz und lasse die Stille des Ortes auf mich wirken. Zu beiden Seiten befinden sich kleine Gebetsnischen in den Wänden, in denen Frauen im *tschādor* auf ihren Fersen sitzen und leise aus dem Koran rezitieren. Ein steter Fluss an Pilgern zieht vorbei: Manche Familien sind aus den Dörfern in der Umgebung angereist, um den Segen des Heiligen zu erbitten. Ein Mullah im länglichen schwarzen Umhang bleibt vor dem Pistazienbaum stehen, den Blick ehrfürchtig auf das Grab fixiert. Drei Städter in Trekkingklamotten, offenkundig aus der iranischen Mittelschicht, untersuchen das Gewölbe des *iwān* und geben baugeschichtliche Kommentare ab, die sie sich offenbar angelesen haben.

Das Heiligengrab, *masār*, ist im Volksislam ein Ort des Gebets und der Einkehr. Von den Grabstätten, die in der Regel am Todesort eines Heiligen errichtet werden, gehen nach muslimischem Glauben Heilung und Segenskraft aus. Um manche dieser Plätze ranken sich Wunderlegenden von Spontanheilungen, mystischen Visionen oder unerklärlichen Begegnungen mit Weisen. Schreine laden außerdem dazu ein, das eigene Ego bereits an der Türschwelle zurückzulassen und es gegen die Qualitäten des dort liegenden Meisters einzutauschen.

An manchen Orten sind die Details hinter der Errichtung eines Schreins längst aus dem kollektiven Gedächtnis verschwunden. Viele Schreine besitzen eine symbolische Bedeutung – dem türkischen Dichter Yunus Emre etwa sind Ruhestätten in allen Landesteilen Anatoliens gewidmet. Entscheidender als die Frage, ob im Grab tatsächlich jemand begraben liegt, scheint mir die kumulative Energie, die an solchen Pilgerstätten durch Jahrhunderte des Gebets entstanden ist. Da die großen Mystiker die Grenzen von Zeit und Raum überschritten haben, lassen sie sich ohnehin nicht auf einen Ort fixieren. Mit ihrer *baraka* oder Segenskraft gelten sie als allgegenwärtig. *Aşıklar ölmez* heißt es in einem Gedicht von Yunus Emre – die Liebenden sterben nicht.

Ich geselle mich zu einem Greis, der mir gegenüber sitzt. Unter dem Turban des Alten befindet sich ein faltiges Gesicht, die Augen fast verschwindend hinter dicken Brillengläsern. Sein silbergrauer Bart ist in gleichmäßigen Wellen nach vorne gekämmt. In den Händen bewegt er die hölzernen Perlen eines *tasbih*. Manchmal wirbelt er die Gebetskette durch die Luft, um sie dann wieder von seinem Knie baumeln zu lassen. Der Mann wirkt wie ein Fossil aus Sheikh Ahmad-e Dschams Zeiten.

Nach einer Weile deutet der Greis mit seiner Hand auf das Grab und dann auf die Besucher: „Diese Heiligen sind lebendig, sie versprühen Funken. Doch heutzutage kommen die Leute nur noch, um Fotos zu machen."

Seine Hand imitiert ein Smartphone, so als wolle er auf einen imaginären Auslöser drücken. „Sie nehmen nichts von der Energie des Heiligen mit", sagt er mit einem missbilligenden Blick. „Du solltest vom Grab etwas mitnehmen!"

Nach einigen Minuten schaut er mir zum ersten Mal ins Gesicht: „Bist du aus Deutschland?"

„Ja", antworte ich überrascht und frage mich, woher er das weiß. Da lächelt er mir durch klaffende Zahnlücken entgegen, als wüsste er etwas, das ich nicht weiß. „Du bist auch ein Geschöpf Gottes."

* * *

Erstaunt reflektiere ich über Abdis Auskunft, dass es in Torbat-e Dscham ganze fünfzehn Masnawi-Kurse gebe. Für eine Stadt von gerade einmal 100 000 Einwohnern – also kleiner als Osnabrück, die Stadt, in deren Landkreis ich aufgewachsen bin – ist das beachtlich. Tatsächlich ist Torbat-e Dscham einer der Orte in Iran, an denen die Mystik noch am meisten atmet, wo sie weniger durch die globalisierte Konsumkultur verdrängt oder unter staatlichem Druck eingegangen ist.

„Die Präsenz des Masnawi in unserer Region geht mindestens auf das 15. Jahrhundert zurück", sagt Haj Naser Jami, einer der angesehensten Masnawi-Lehrer von Torbat-e Dscham. Über Jahrhunderte wurde das Masnawi an den mystischen Schulen von Herat, der Kulturhauptstadt der Region, studiert. Heute lebt das Erbe der *Masnawichāni*, des Masnawi-Lesens, in Privatzirkeln wie jenem von Haj Naser weiter.

Haj Naser begrüßt Abdi und mich in seinem Vorgarten unter einem Dach von wilden Weinranken. *„Befarmāyid"*, sagt er – „Kommen Sie herein!" – und führt uns in einen geräumigen Salon, der in eine Wohnküche übergeht. Über den Raum verteilt liegen Stapel mit Gedichtbänden, an der Wand hängt die Kalligrafie eines Rumi-Verses. Während Abdi mit dem Austausch von Höflichkeiten beginnt, der jeder persischen Unterhaltung vorausgeht, zaubert unser Gastgeber eine Schüssel Obst, eine Schachtel Kekse und dampfenden Chai hervor.

Haj Naser trägt einen mit Rauten gemusterten Pullunder über einem weißen *perāhan tunban* – eine kuriose Kleiderkombination aus West und Ost. Seine Mandelaugen, die ihn unverkennbar als Chorasani kennzeichnen, strahlen Herzenswärme aus. Haj Naser ist ein frommer Muslim, ein Mann mit feinem Umgang und kompromissloser Gastfreundschaft. Sein Charakter ist eine gelungene Mischung aus persischer Höflichkeit und afghanischer Demut. Auch wenn er in Torbat-e Dscham stadtbekannt ist, hält Haj Naser seine Gelehrsamkeit zurück, spricht ruhig und bedacht, lässt seinen Blick bescheiden gesenkt.

Seit 1991, meinem Geburtsjahr, leitet Haj Naser wöchentliche Rumi-Stunden in seiner Heimatstadt. In all diesen Jahren hat er das Masnawi zweimal von Anfang bis Ende unterrichtet. Ein Durchgang dauere etwa zehn bis zwölf Jahre, erklärt Haj Naser. Der dritte Durchgang sei nun fast beendet, inzwischen lese die Gruppe gerade im sechsten Buch.

Wie alle beseelten Werke ist das Masnawi ein Buch, das sich dem Rezipienten stückweise öffnet und, wie ein guter Wein, über die Jahre immer besser wird. Denn mit dem Menschen selbst reift auch das Verständnis für den Text, öffnen sich dem Leser immer tiefere Sinnebenen.

Haj Nasers Verhältnis zum Masnawi ist deshalb auch die Geschichte seiner eigenen Reifung. Alles begann mit einer Hausaufgabe in der Mittelstufe: „Damals bat uns mein Persischlehrer, eine Geschichte aus dem Masnawi auszuwählen und diese in einen Aufsatz umzuschreiben. Bücher waren zu jener Zeit noch nicht so leicht zugänglich wie heute. In meiner Klasse hatten nur zwei oder drei Schüler eine Masnawi-Ausgabe bei sich zuhause liegen."

Doch der junge Naser hatte seinen Vater schon einmal vom Masnawi sprechen hören. Er wusste, dass dieser ein Exemplar in der kleinen Wandnische im Wohnzimmer aufbewahrte, dort, wo sich auch der Koran befand. Sein Vater, der in den späten Zwanzigerjahren in Herat islamische Theologie studiert hatte und hundert Jahre alt wurde, war der Imam des Freitagsgebets im Mausoleum von Sheikh Ahmad-e Dscham – das geistige Oberhaupt der Stadt. Manchmal pflegte er nach dem Morgengebet, wenn die erste Röte gerade am Himmel erschien, ein paar Verse aus dem Masnawi zu lesen. Manche davon merkte er sich, um sie hinterher in seinen Predigten zu zitieren.

„Er passte genau auf, dass niemand ein anderes Buch auf das Masnawi legte. Nur der Koran durfte das Masnawi verdecken", sagt Haj Naser. „So sehr hat er Rumis Werk in Ehren gehalten."

Haj Naser steht auf und holt ein überdimensioniertes, an den Seiten zerfleddertes Buch hervor. „Dies ist das Masnawi meines Vaters. In meiner Jugend war das Buch etwas Geheimnisvolles für mich, es war wie versiegelt. Selbst heute fällt es mir noch schwer, daraus zu lesen", sagt Haj Naser und deutet auf die winzig gedruckte Schrift – hier wurden alle sechs Bücher des Masnawi in einen Band gefasst.

Ich schlage eine Seite auf. Das Buch ist ein Steindruck mit vergilbtem Papier, fast jeder Millimeter mit kalligrafischen Buchstaben überzogen. Eingefasst in einem Rechteck befinden sich in der Mitte Rumis Verse, an den Rändern ein Textkommentar und an der Peripherie die handgeschriebenen Notizen von Haj Nasers Vater. Ehrfürchtig blättere ich um. In wie vielen Momenten diese Seiten wohl schon Führung und Inspiration geschenkt haben! Ich bemühe mich, ein paar Worte zu lesen, doch die kleine Schönschrift ist für mich kaum zu entziffern.

Als ich das schwere Buch in den Händen halte, zitiert Haj Naser einen Vers, mit dem Rumi sein Meisterwerk charakterisiert:

Unser Masnawi ist ein Laden der Einheit. Alles, was du außer dem Einen siehst, ist ein Götze.

„Im Außen begegnen uns ständig Widersprüche. Darum geht es auch in der Dialektik Hegels", sagt Haj Naser. Schon oft habe ich iranische Gelehrte Parallelen zu deutschen Philosophen ziehen hören. „Gäbe es keine Gegenteile, so würde diese Schöpfung nicht bestehen. Aber in der Essenz existiert nur Liebe. Das Masnawi führt uns hinein in diese Einheit."

„Den großen Meistern ging es darum, uns ihre spirituellen Erfahrungen zu vermitteln. Sie wollten andere dazu ermutigen, sich dieser Karawane anzuschließen, um in die Welt des Friedens und der Einheit einzutreten", sagt Haj Naser. „Rumis Ziel war es nicht, Derwischkonvente zu errichten. Wie auch die Propheten ist er gekommen, um Öl zwischen die Räder des Lebens zu gießen, damit diese geschmeidig werden. Damit es im Leben weniger hakt."

„Wir leben nur vorübergehend, sind wie Reisende in einem Gästehaus. Warum diese ein, zwei Stunden, die wir hier miteinander haben, im Streit verbringen? Wir sollten so leben, dass wir diese Welt ohne Enttäuschung und Kummer verlassen. Dies ist es, was uns die Mystiker lehren. Für den Mystiker sind Kummer und Freude ein und dasselbe. Sie existieren nur in unserer Perspektive“, fügt Haj Naser hinzu. „Soll ich dir noch etwas Tee eingießen?“

„Danke, eine Tasse genügt mir“, entgegne ich und fühle mich an ein berühmtes Gedicht aus dem Diwan-e Schams erinnert, in dem Rumi den Körper mit einem Gästehaus vergleicht, in das mal angenehme, gern gesehene Gäste einziehen – wie Freude und Hoffnung – und mal solche, die wir als unangenehm empfinden, etwa Kummer. Am Ende jener Passage aus dem fünften Masnawi-Buch resümiert Rumi:

> *Wann immer Kummer eintrifft, empfange ihn lächelnd und sprich:*
> *„O mein Schöpfer, behüte mich vor seinen Schäden und halte mir sein Wohl nicht vor.*
> *Herr, erinnere mich, dankbar zu sein, und lass mich nicht bedauern, wenn sein Nutzen vorübergeht.“*

„Besonders in Zeiten, wo Verzweiflung und Frustration in der Gesellschaft zunehmen, wenden sich die Menschen der Mystik zu. So war es auch nach dem Überfall der Mongolen, die in Chorasan eintausend Jahre Zivilisation zerstört haben“, sagt Haj Naser.

Rumis Zeit war ähnlich wie die unsrige eine Phase des Umbruchs. Tatsächlich scheint die Stimmung unter den Iranern, denen ich auf der Straße begegne, in den letzten Jahren kontinuierlich in den Keller zu gehen. Die Wirtschaft strauchelt angesichts von Korruption und lähmenden amerikanischen Sanktionen, die Lebensmittelpreise steigen unaufhörlich, und die iranische Führung versucht, jeden Protest noch im Keim zu ersticken. Depression und Hoffnungslosigkeit in der Gesellschaft haben sich längst epidemisch verbreitet.

Und dennoch blüht es in Haj Nasers Vorgarten, als wir wieder vor die Tür treten, und die Vögel zwitschern. In der Natur geht alles seinen Gang, in vollendeter Harmonie und perfekter Resilienz. Der Frühling kündigt sich an.

„Sie haben einen schönen Garten", sage ich Haj Naser zum Abschied, worauf dieser antwortet:

„Es sind deine Augen, die schön sehen."

Ich verlasse Haj Nasers Anwesen mit jenem Glücksgefühl, das im *sohbat*, dem konzentrierten spirituellen Gespräch entsteht. Es ist die feine Schwingung einer gelebten islamischen Mystik, die mich an Haj Nasers Persönlichkeit berührt. Rumi bezeichnet reife Menschen mit dem Adjektiv „gekocht", im Gegensatz zu denen, die noch roh sind. Über sich selbst sagte er: *Ich war roh, kochte und verbrannte.*

Nach der Begegnung dämmert in mir die entwaffnende Erkenntnis meiner eigenen Rohheit. Doch diese Erkenntnis hat nichts mit Verzagen zu tun, vielmehr liegt in ihr ein demütiges Staunen angesichts der grenzenlosen göttlichen Gnade, die mich selbst wie ein Hauch von Nichts erscheinen lässt.

* * *

Ich stehe noch einmal vor der Mauer von Sheikh Ahmad-e Dschams Grabmal und blicke in den tiefblauen Nachthimmel, der vom letzten Gebetsruf erfüllt ist. Dunkle Gestalten huschen vorbei, streifen ihre Schuhe ab und verschwinden in der unterirdischen Moschee nebenan, aus der ein Lichtschein nach außen dringt.

Abdi und ich betreten einen kleinen Innenhof, der an die Mausoleumsmauer grenzt. In einer renovierungsbedürftigen Herberge aus der Zeit des letzten Schahs befindet sich laut Schild die *khānqāh* oder „Sufi-Loge des Ahmad-e Dscham". Jeden Donnerstag nach dem Nachtgebet, so hatten wir gehört, finde hier ein *dhikr*, das rhythmische Rezitationsritual der Sufis, statt. Dhikr bedeutet „Erinnerung", denn in der ständigen Wiederholung von Gottesnamen und koranischen Formeln erinnert sich das Herz an seinen göttlichen Ursprung.

Der Koran spricht vom *dhikr* als höchster Form des Gebets, denn anders als das Ritualgebet, für das es festgeschriebene Zeiten gibt, ist das *dhikr* eine Praxis für jeden Moment. Als sich einmal jemand bei Mohammed über die vielen Gebote und Verbote des Islam beschwerte, soll er entgegnet haben: „Halte deine Zunge feucht mit der Erinnerung an Gott."

Im Wissen um die Vergesslichkeit des Menschen machten die Sufis das *dhikr* zu ihrer Kernpraxis. Die Praxis der Erinnerung ist fest in den sufischen Ordenstraditionen verankert, mal in Form einer stillen Herzensrezitation wie bei den Nakschbandis und mal in lauter Ekstase wie bei den Rifais. Rezitiert wird bis zu dem Moment, wenn der Schleier fällt und der Rezitierende, die Rezitation und das Rezitierte zu jener Einheit verschmelzen, die von Anfang an bestanden hat. In seiner Essenz ist auch das gesamte Werk Rumis ein einziges *dhikr*, denn jeder einzelne seiner Verse hat den Zweck, uns an Gott zu erinnern.

Zum ersten Mal nahm ich auf einem interreligiösen Festival in Köln im Jahr 2009 an einem *dhikr* teil, kurz bevor ich nach Syrien aufbrach. Die Erfahrung löste eine Sehnsucht in mir aus, die mich auf die Wege der Sufis trieb, bis zu diesem Abend in Torbat-e Dscham.

Doch bislang ist weit und breit niemand zu sehen. Wir wollen schon fast wieder aufbrechen, als ein kleinwüchsiger Mann mit einem Turban angeschlurft kommt und uns schweigend die Tür zum Versammlungsraum öffnet. „Geht und wascht euch", sagt er kurz angebunden und meint damit das *wudhu*. Das kalte Wasser aus dem Hahn in der Mitte des Innenhofs verhilft mir zu geistiger Klarheit.

Der Versammlungsraum ist viel kleiner, als ich ihn mir vorgestellt habe. Putz bröckelt von Wänden und Decke. Es riecht nach Schimmel. Ein Poster an der Wand zeigt die *silsilah*, eine Art spiritueller Stammbaum, der Ahmad-e Dscham und die Kette seiner Nachfolger aufführt. Aus einem kleinen vergitterten Fenster blicke ich auf das Grab und die Umrisse des alten Pistazienbaums, der nun, im grünen Scheinwerferlicht angestrahlt, besonders geheimnisvoll wirkt.

Ich versuche, es mir so gut wie möglich auf dem kalten Steinboden bequem zu machen. In der Ecke brennt ein Gasheizer. Zwei Männer betreten den Raum. Einer trägt eine Winterjacke, der andere hat sich einen weißen Schal um den Kopf gewickelt. Wir begrüßen einander. Ich versuche zu verbergen, dass ich nicht von hier stamme, und imitiere den chorasanischen Akzent der Lokalbevölkerung, was mir gut gelingt. Dann versinken die Männer, die sich offensichtlich jede Woche hier begegnen, in Geplauder. Der eine redet von Politik, der andere beklagt sich über die jüngste Verteuerung der Gemüsepreise. So geht das eine Weile hin und her, bis ich mich frage, weshalb ich eigentlich hier sitze. Doch sicherlich nicht für Teehaustratsch.

Irgendwann fischt einer der Männer ein Buch aus einer Plastiktüte und bittet Abdi, daraus vorzulesen. Es ist eine

Sammlung mit Aphorismen von Sheikh Ahmad-e Dscham. Ich höre andächtig zu, auch wenn ich von der antiquierten Sprache des Textes wenig verstehe. Erst nach einer guten Stunde, als die Müdigkeit mich fast gänzlich übermannt hat und ich angestrengt versuche, meine Augen offen zu halten, steht einer auf, um die Glühbirne an der Decke auszuknipsen. Plötzlich kommt Bewegung in den Raum. Wir rücken zu einem Kreis zusammen. So eng, dass unsere Knie sich berühren.

Das *dhikr* beginnt mit einer Rezitation:

Hasbi Rabbi, Dschallallah
Mā fi qalbi, Ghairullah
Nur Mohammad, Salallah
Lā illaha il Allah

„Mein Gott genügt mir, Gott ist groß. In meinem Herzen ist niemand außer Gott. Beim Lichte Mohammeds – wahrlich, es gibt keinen Gott außer Gott."

Am Anfang holpern die Stimmen ein wenig, doch schon bald wird in einem Rhythmus rezitiert. Die Männer singen in unterschiedlichen Tonhöhen, wodurch unbeabsichtigt eine fast harmonische Mehrstimmigkeit entsteht. Nach einer Weile geht das einprägsame Mantra in einen Lobpreis des Propheten über, gefolgt vom Satz der Einheit *„lā illaha il Allah"* – es gibt keinen Gott, kein Dasein, außer Gott. Hierbei verweilen wir und gewinnen sukzessive an Tempo, bis nur noch die zwei Silben „Al-lah" übrig bleiben.

Je schneller und ekstatischer die Rezitation wird, desto mehr füllt sich mein Inneres mit freudiger Erregung. Ich spüre, wie sich Hitze in meinem Oberkörper entwickelt. Auf einmal kann ich mein Herz, von dem die Sufis als Zentrum der mystischen Erkenntnis sprechen, ganz deutlich spüren. Die zuvor noch lähmende Müdigkeit in meinem Körper ist wie weggefegt.

Meine Sinne sind nun nach innen gerichtet, nur flüchtig bekomme ich mit, dass zwei weitere Männer den Raum betreten haben. In der Dunkelheit kann ich ihre Gesichter nicht erkennen, doch das spielt keine Rolle. Mein anfängliches Unbehagen habe ich verloren. Ohne Worte miteinander gewechselt zu haben, sind wir Männer nun in der Ekstase miteinander verbunden. Alles ist zur pulsierenden Einheit des *„il Allah"* verschwommen – nichts als Gott.

Auf dem Höhepunkt des Rituals springen wir auf. Unsere Stimmen sind mittlerweile so laut, dass jeder Kubikzentimeter im Raum dröhnt und schallt. Ein schlaksiger Junge, der hinzugekommen ist, ruft verzückt *„Allah, Allah, Allah"* und schaukelt seinen Körper hin und her; so wie es einige Tausend Kilometer weiter westlich ein Gleichaltriger auf einem Heavy-Metal-Konzert tun würde.

Schließlich bricht das *dhikr* so jäh ab, wie es begonnen hat. Wir setzen uns. Auf Bitte der Männer rezitiert Abdi eine Passage aus dem Koran. Der beruhigende Sprechgesang aus dem heiligen Buch wirkt abkühlend und bringt die eben noch hüpfenden und schwitzenden Männer zurück auf den Teppich. Jemand spricht ein Segensgebet und bittet Ahmad-e Dscham um Führung, auf dass wir lernten, in der Welt wie er zu dienen.

Der Abschied ist schnörkellos. *„Khodā Hāfez."* Die Hände liegen auf der Brust. Alle wissen, dass es keiner Kommunikation mehr bedarf, dass Worte uns nur aus dem Frieden des *dhikr* herausreißen würden. Schweigend machen wir uns auf den Nachhauseweg.

* * *

Keine Reise in die Region wäre für mich vollständig ohne einen Besuch bei Besmel Teymuri, dem Derwisch aus Nosratabad. Besmels Dorf liegt in einer kargen Steppenlandschaft gut fünfzig Kilometer südlich von Torbat-e Dscham. Es hat in den letzten Tagen kräftig geregnet. Nach langen Monaten der Trockenheit sind die Hügel endlich wieder mit einem zarten Grün überzogen.

Ich kenne Besmel durch Amir, einen Sufi aus Maschhad, dem Besmel vor einigen Jahren in einem Traum erschienen war. Daraufhin zog Amir los, um den Mann, den er im Schlaf gesehen hatte, zu finden. Nach langer Suche fand er Besmel in dieser entlegenen Gegend. Nosratabad ist nicht viel mehr als eine Ansammlung von Flachdachhäusern aus Lehm, die zu beiden Seiten einer kaum befahrenen Landstraße liegen. Besmels Haus, das er einst selbst gebaut hat, liegt in einer Nebengasse und hat einen Vorhof, in dem zwei blätterlose Baumstämme stehen. Ich klopfe an die blaue Eisentür.

„*Chosh āmadid!*", willkommen, ruft Besmel mehrmals, als er mich im Türrahmen empfängt.

Besmel trägt einen *perāhan tunban* und eine schwarze Weste. Auf dem Kopf sitzt der für diese Region charakteristische weiße Turban. Wie bei meinen letzten zwei Besuchen sind Besmels Augenränder mit *sorme* bemalt, einem natürlichen Kajal, der aus dem Mineral Stibnit gewonnen wird. Der Überlieferung nach soll auch der Prophet Mohammed *sorme* aufgetragen und es seinen Anhängern wegen der gesunden Wirkung für die Augen empfohlen haben.

Ich stelle meine Schuhe vor der Wohnzimmertür ab und bemerke ein klaffendes Loch im Vordach. Die simple Dachkonstruktion hat dem Starkregen nachgegeben, nun tropft es von oben auf den Lehmboden.

Die Einrichtung von Besmels Wohnzimmer besteht aus Sitzmatratzen mit Kissen zum Anlehnen und einem Schrank, in dem ein kleiner Fernseher steht. Hemden und Handtücher hängen von hölzernen Haken, ein Bettlaken dient als Vorhang. Zwischen den weiß getünchten Wänden ist ein altes Stromkabel gespannt, von dessen Mitte eine Glühbirne baumelt. Die gewölbte Zimmerdecke hat feine Risse. Besmels Frau sitzt an der Türschwelle zur Küche und serviert Tee. Ich erkundige mich nach ihrer Gesundheit.

„Alhamdulillah", entgegnet die gebückte Greisin – Preis sei Gott – und schafft einen Teller mit Gebäckstücken, dazu Bonbons und ein Schälchen mit Sonnenblumenkernen heran. Gott zu danken, auch wenn das Befinden offenkundig nicht sonderlich gut ist, gehört zu den Tugenden des Sufi-Lebens.

„Gestern hatte ich einen Traum, dass etwas Gutes passieren wird", sagt Besmel zu Beginn unseres Gesprächs. „Und jetzt bist du hier."

Schon beim ersten Mal, als ich Besmel vor zwei Jahren besuchte, empfing er mich wie einen alten Freund. Wie damals gibt er mir auch diesmal das Gefühl, bereits auf mich gewartet zu haben.

„Wie geht es deiner Frau?", fragt Besmel.

„Alhamdulillah", entgegne ich.

Sogleich spricht er ein Gebet für das Wohlergehen meiner Ehe und meiner Familie. Spontanes Beten für das Gegenüber gehört zum iranischen und türkischen Brauchtum. Besonders segensbringend ist es jedoch, wenn die Fürbitte aus dem Mund eines *vali,* eines Gottesfreundes und Heiligen, stammt.

Besmel greift in die Schüssel, wickelt ein Bonbon aus dem Papier und überreicht es mir. Seine Geste hat etwas Verspieltes, so simpel und profund zugleich. Dann fragt er nach meinem Beruf. Als ich ihm erzähle, dass ich weiterhin für Zeitungen schreibe, rät er mir, meine Artikel in einem Sammelband herauszugeben, so hätten die Menschen noch mehr von meinem Schreiben. Schließlich seien wir dafür erschaffen, anderen Gutes zu tun. Ein Merkmal, das ich reifen Menschen wie Besmel oder Haydari Wujudi angemerkt habe, ist ihr aufrichtiges Interesse am Leben des Gegenübers.

„Das Einzige, was ich bisher gelernt habe, ist: Wir wurden füreinander geschaffen. Geschaffen, um in Frieden miteinander zu leben, in allen Religionen und Glaubensarten. Gott ist perfekt, er braucht nichts von uns. *Wir* müssen einander dienen“, sagt Besmel und fügt hinzu: „In Wirklichkeit dienst du ja nur dir selbst.“

Seine Worte erinnern mich an eine Anekdote aus dem Leben des südindischen Heiligen Ramana Maharshi, der in seinem Aschram am Fuße des Arunachala-Bergs von einem Schüler gefragt wurde: „Wie kann ich anderen helfen?“ Woraufhin Ramana entgegnete: „Wem soll geholfen werden? Wer ist dieses ‚Ich‘, das anderen helfen wird? (…) In Wirklichkeit gibt es keine anderen.“

„Manchmal fällt mir auf, wie viele Gelegenheiten zum Dienen ich im Alltag verpasse“, sage ich, mein Blick auf dem Gesicht des Alten ruhend. „Dann bereue ich, dass ich nicht genügend tue.“

„Allein die Tatsache, dass du dir dessen bewusst bist, ist bereits gut."

„Ich möchte am Ende meiner Tage nicht bereuen, dass ich mein Leben nicht richtig genutzt habe", hake ich nach.

„Bleib auf diesem Pfad und geh ihn beständig. Jemandem eine Adresse zu zeigen oder einem Kind zuzulächeln, all dies sind Formen des Dienstes."

Das Zusammensitzen mit Freunden im Bewusstsein der göttlichen Gegenwart ist Besmels Weg des Dienens. Im *sohbat*, dem spirituellen Gespräch, findet ein subtiler Austausch von Weisheit und Liebe statt. Dies ist auch im Matthäusevangelium gemeint, wenn Jesus spricht: „Wo zwei oder drei in Meinem Namen versammelt sind, da bin Ich mitten unter ihnen."

Besmel fasst seine Lebensphilosophie mit einem einfachen Reim zusammen: *yek sā'at sohbat, kār-e sad sāl 'ebādat;* „eine Stunde des spirituellen Gesprächs gleicht einhundert Jahren Gottesdienst". Die Präsenz, die hinter Besmels Worten liegt, lässt das Gesprochene unmittelbar in mein Herz eindringen.

„Jemand mag einhundert Nächte und Tage in einer Ecke meditieren, aber trotzdem nicht die Erkenntnis erlangen, die ihm eine Stunde des *sohbat* verleiht", sagt Besmel.

Wie Haydari Wujudi ist auch Besmel ein Dichter. Seine Verse hat er im Stil des Masnawi gedichtet und in einem großformatigen Notizbuch festgehalten. Dennoch betont Besmel, er sei nur ein einfacher ungebildeter Bauer. Das ist Derwischbescheidenheit – schließlich versuchen Sufis, sich von der Last intellektuellen Wissens zu befreien und ihr Leben dem „wahrhaftigen Wissen" (*'elm-e haqiqi*) zu widmen.

Besmel kam 1934 auf die Welt. Seine Mutter nannte ihn Gholamali, den „Diener Alis", auf dass er ein frommer

Nachahmer des Prophetencousins Ali werde, den die Sufis als Überbringer des spirituellen Wissens verehren. Ali steht in Rumis Lehre für Edelmut und Tapferkeit im Kampf gegen das eigene Ego.

Als Jugendlicher las Besmel zum ersten Mal in den Werken großer Sufis. Dann schloss er sich einem Meister des Ordens der Nakschbandis an, in dem 1000 Kilometer weiter westlich in Kabul auch Haydari Wujudi heranreifte. Besmels Meister fand sogleich Gefallen an dem intelligenten Jungen. Der *sheikh*, den Besmel in seinen Gedichten „Nadim" nennt – „intimer Freund" –, machte den neuen Schüler mit Rumis Dichtung vertraut.

Im Alter von vierzig erfuhr Besmel zum ersten Mal eine starke, alldurchdringende Liebe. Zunächst sei diese Liebe weltlicher Natur gewesen und habe sich dann in göttliche Liebe verwandelt. Fortan lebte Besmel verankert in einer ständigen Verbindung mit Gott; man könnte auch sagen, dass er sich im ununterbrochenen *dhikr* befindet. Doch seine Füße behielt er auf dem Boden. Als Landwirt baute er Weizen, Gerste und iranische Zuckermelonen an, um seine Familie mit zwei Söhnen und fünf Töchtern zu ernähren. Zeiten der Knappheit und Armut „kochten" ihn. Seine Heimat hat Besmel kaum verlassen.

„Ich bin nie ins Ausland gereist. Dafür habe ich ein Bewusstsein von Spiritualität", sagt Besmel.

„Ich bin zwar gereist, habe aber nicht Ihr Bewusstsein", entgegne ich.

„Doch, doch, hast du", sagt er und schaut mir tief in die Augen. Nie zuvor habe ich jemanden gesehen, der so aus seinen Augen lachen kann. Ihr Leuchten ist für mich, neben Einfachheit, Herzensgüte und einer kindlichen Freude, das Zeichen eines Erwachten.

„Du kannst reisen, wenn du möchtest. Doch was zählt, ist die Reise in die eigene Heimat. Was die Propheten und Mystiker in ihren Büchern erzählt haben, hat nur einen Zweck, nämlich dich zu dir selbst zu erwecken", sagt Besmel. „Alles ist bereits in dir angelegt. Gäbe es keinen Trennungsschmerz in dir, so hättest du nicht hierhergefunden. Du bist auf der Suche nach etwas."

Da bemerkt Besmel, dass ich erst einen Schluck von meinem Tee getrunken habe. „Dein Chai ist kalt, lass mich dir neuen eingießen." Ich kann ihn gerade noch davon abhalten. Für den Weisen ist das Profane nicht vom Spirituellen zu trennen.

In der Ferne kräht ein Hahn. Der Gebetsruf erklingt. Besmel steht auf, verlässt das Wohnzimmer, schlüpft in ein altes Paar Plastikschlappen und tritt vor die Haustür, wo ein Wasserhahn angebracht ist. Er kniet sich hin, setzt seinen Turban ab, krempelt die Ärmel hoch und vollzieht die Gebetswaschung.

Dann kehrt Besmel zurück ins Zimmer. Er rollt eine Gebetsmatte aus, platziert seine Füße schulterbreit auf dem Teppich, rückt den Turban ein Stück nach hinten und beginnt zu beten. Während er sich lautlos der Reihe nach durch die Haltungen des Gebets bewegt, bleibt mein Blick wie hypnotisiert auf ihm haften. Wie viele Zigtausende Abläufe dieses Rituals hat sein alter Körper schon hinter sich gebracht?

Trotz aller spirituellen Größe sieht sich Besmel als bescheidener Diener seines Herrn, vor dem er sich niederwirft wie jeder andere Muslim auch. Er hat Größe in der Kleinheit gefunden, Großmut durch Demut erlangt. Es ist ein Paradox, dass die Aufgabe der begrenzten Persönlichkeit mit all ihren Interessen in Wirklichkeit zu einer Ausdehnung und

Veredlung des Charakters führt. Auch Rumi verrichtete bis zu seinem Tod die fünf Gebete des Tages.

Besmel verkörpert für mich die reine Weisheit Chorasans; und das in einem der unscheinbarsten Dörfer der Region, oder wie es Abdi ausgedrückt hatte, in der Sackgasse Irans. Schon in der Vergangenheit blieben Heilige unter den Sufis oft verborgen, gingen unauffällig ihren Berufen nach, versteckten sich in den Lumpenkleidern eines Bettlers oder der Kluft eines Bauern. Bei Besmel bekomme ich eine Ahnung, wie es sich angefühlt haben mag, in Rumis Präsenz zu sitzen. Das Wesen des alten Derwischs ist zu einem einzigen Gebet geworden:

Ich habe so oft gebetet, dass mein Wesen zu einem Gebet geworden ist,
Sodass jeder, der mein Gesicht sieht, daran denkt zu beten.

Neyschabur, April 2019

Nach einem Frühstück aus Fladenbrot, Spiegeleiern, Käse und Schwarztee schultere ich meinen Rucksack. Die Frühlingssonne scheint durch die Zweige eines blühenden Kirschbaums. Alireza wartet an seinem Jeep. Ich werfe mein Gepäck auf die Rückbank und nehme im Beifahrersitz Platz. Von Alirezas Familiendomizil geht es durch die menschenleeren Gassen von Neyschabur, immer weiter stadtauswärts. Irgendwann biegen wir auf einen breiten Boulevard ab, der auf ein Panorama mit schneebedeckten Gipfeln hinführt. Neyschabur liegt an den südlichen Ausläufern des Binalud-Gebirges, das die Stadt von Maschhad trennt.

In einem Geschichtsbuch hatte ich gelesen, Neyschabur sei wie ein „Destillat des größeren Iran, eine Stadt inmitten von mythischen Wolken“. Mein Eindruck an diesem Morgen jedoch ist ein anderer. Neyschabur scheint viel von seinem ursprünglichen Charakter an eine moderne Stadtplanung verloren zu haben. Die Straßen verlaufen wie auf dem Reißbrett geplant. Bis auf ein paar müde Lebensmittelläden und Fastfoodbistros kann ich nicht viel Leben entdecken. Die Straßenschilder, welche iranische Wochenendtouristen zu den Mausoleen der Dichter Attar und Chayyam lotsen, scheinen das einzige Indiz für das zu sein, wonach ich suche.

Neyschabur liegt 250 Kilometer nordwestlich von Torbat-e Dscham auf der Bahnstrecke Teheran–Maschhad. Auch wenn die Stadt ihre einstige Größe als Zentrum der Dichter und Denker eingebüßt hat, ist sie ein wichtiges Kulturzentrum geblieben. Gemessen an der Einwohnerzahl von 250 000 hat Neyschabur ein überdurchschnittliches Aufkommen an Schriftstellern, Dichtern, Musikern und Filmemachern.

In der Geschichte des persischen Sufismus ist Neyschabur mit Fariduddin Attar verbunden, nach Rumi der größte unter den klassischen Mystikern, die Chorasan hervorgebracht hat. Attars bekanntestes Werk ist das *Manteq ut-Tayr*, die „Vogelgespräche“, eine Parabel von dreißig Vögeln, die sich auf die Suche nach dem *Simorgh*, dem sagenumwobenen König aller Vögel machen. In diese Fabel, welche die Seelenreise auf dem Weg zu ihrem Ursprung versinnbildlicht, webte Attar Lehrgeschichten aus der Sufi-Überlieferung ein und lieferte Rumi dabei eine Vorbild für das Masnawi.

Wie sein Name verrät, besaß Attar in Neyschabur eine *'attāri*, einen Kräuter- und Arzneimittelhandel. Einer Legende zufolge soll der zwölfjährige Rumi den 74 Jahre alten Attar wenige Monate vor dessen Tod in seinem Laden besucht haben. Neyschabur war ein wichtiger Halt auf der Migrationsroute der Familie Valad gen Anatolien, denn die Stadt zählte neben Balch, Marv und Herat zu den vier großen Kulturzentren Chorasans. Balch und Marv wurden von den Mongolen zerstört und entvölkert, während Neyschabur und Herat bis heute überdauert haben.

Bei ihrem Treffen soll Attar dem jugendlichen Rumi sein *Asrārnāmeh*, das „Buch der Geheimnisse", geschenkt und Rumis zukünftige Größe prophezeit haben. Zwar ist zweifelhaft, ob sich diese Begegnung wirklich zugetragen hat, wird sie doch in den Schriften wichtiger Rumi-Biografen wie Aflaki oder Sultan Valad, Rumis Sohn, nicht erwähnt. Der geistigen Verbindung zwischen Rumi und Attar jedoch tut dies keinen Abbruch – für Rumi war Attar spirituelles und literarisches Vorbild zugleich.

Wir lassen die letzten Häuser zurück. Unser Weg führt durch ein Flussbett, das nach den Regenfällen reichlich Wasser führt. Je rauer der Untergrund, desto mehr scheint Alirezas Jeep seinen Daseinszweck zu erfüllen. Während die betagte Blechkiste immer wieder zu beiden Seiten schaukelt, taucht hinter den Hügeln eine weite, grüne Gebirgsebene auf. Die beständig ansteigende Schotterstraße führt geradewegs auf eine Bergsiedlung zu.

Alirezas Erscheinungsbild strotzt vor Charisma. Er hat eine spitze Nase und stechende blaue Augen, ein Gesicht, das an einen Falken erinnert. Sein gelocktes graues Haar trägt er nach hinten gekämmt zu einem Pferdeschwanz gebunden.

Hätte er die Schauspielkunst entdeckt, würde er den perfekten Charakterdarsteller abgeben. Alireza ist Jahrgang 1958 und das, was man in Deutschland einen Althippie nennen würde – jemand, der unserer modernen Kultur von Kapitalismus und Karrieredenken früh eine Absage erteilt hat. Ein Freidenker und Aussteiger, jedoch von der Marke Sufi. Ihn umgibt etwas Rätselhaftes, er redet nie mehr als notwendig. Doch stille Wasser gründen bekanntlich tief.

Als in Iran die Islamische Revolution ausbrach, studierte Alireza gerade Industriedesign an der Technik-Universität von Täbris. Aufgrund der Turbulenzen im Land konnte er sein Studium nicht zu Ende führen, fand stattdessen einen Job in einer Neyschaburer Zuckerfabrik. Dann wurde er in den Iran-Irak-Krieg eingezogen, der das Leben in der frisch gegründeten Islamischen Republik bestimmte. Nach dem Militärdienst arbeitete Alireza in einem Teheraner Automobilunternehmen, bevor er sich Mitte der Achtziger – im Alter von 27 – für ein Leben in der Natur entschied.

„Ich war auf der Suche nach einem Ort, an dem ich ein schöneres Leben führen konnte, weit weg von dem, was damals in der iranischen Gesellschaft vor sich ging“, sagt Alireza.

Die Idee dazu kam unter Freunden auf, junge Männer Mitte und Ende zwanzig, die nach einer Alternative zum Großstadtleben suchten. Einige Kilometer außerhalb von Neyschabur wurden sie fündig. Das Stück Erde, in das sie sich verliebten, hieß Kalateh Sheikh Abolhassan, kurz Kalateh. Dort befand sich nicht mehr als ein kleiner Teich und eine primitive Hütte. Die konsternierten Hirten aus der Nachbarsiedlung waren sich sicher, dass diese verrückten jungen Leute spätestens dann verschwinden würden, wenn sie den rauen Winter hier oben erlebten. Doch sie hielten durch. Die ersten sechs Monate wohnten Alireza und seine Freunde in primitiven Zelten mit Gasheizern. Dann bauten sie sich ihre Häuser. Und die Früchte an den unzähligen Obstbäumen – ihr Geschmack ließ sich mit nichts vergleichen, was Alireza bis dahin gekostet hatte.

Alirezas Leben in Kalateh bestand fortan aus Kopf, Herz und Hand; es enthielt Gebet und Studium mystischer Literatur, das Schreiben von Büchern und Essays, viel Arbeit im Garten und an sich selbst. Aus der Freundesgruppe hat es bis heute nur ein weiterer hier oben ausgehalten: Alirezas Freund Farhang, ein Maler. Die anderen zogen zurück in die Städte und kommen nur im Urlaub zu Besuch.

„Manchmal habe ich meinen Entschluss, hierherzuziehen, infrage gestellt“, sagt Alireza.

„Hinterfragen hilft uns, die Dinge neu zu sehen und uns an die Absicht zu erinnern, die uns zu Beginn motiviert hat“, entgegne ich.

Mir fällt ein Rumi-Zitat ein:

Jeder wurde für irgendeine Arbeit erschaffen, der Antrieb dafür wurde in sein Herz gegeben.

„Für mich ist die Frage, was meine Aufgabe in dieser Welt ist, eine sehr wichtige“, sage ich. „Sie zu stellen hilft mir, mich selbst in Bewegung zu halten.“

„Ich bin zu dem Schluss gekommen, dass meine Mission die Missionslosigkeit ist“, entgegnet Alireza. „Bisher bestand meine Arbeit in diesem Leben darin, ein richtiger Mensch zu werden. Vielleicht kann meine Art zu leben das Leben anderer berühren.“

Wir halten vor Alirezas Haus, auf dessen Fassade mit Lehm „Allah“ geschrieben steht. Sofort umgibt mich die alles durchdringende Stille der Berge. Sie hat eine ähnlich klärende Wirkung wie die Atmosphäre in der zentraliranischen Wüste.

Bitte sehr – mit einem kurzen „*befarmāyid*“ führt mich Alireza über ein paar Treppenstufen in sein Arbeitszimmer. Ich stelle meine Schuhe ab, betrete den schummerig beleuchteten Raum und lasse mich auf der Couch gegenüber dem Schreibtisch nieder. Neben mir kocht Tee auf einem antiken Kerosinkocher, der im Hintergrund ein dezentes Zischen erzeugt. Wenn die Einrichtung eines Raumes etwas über die Person, die in ihm lebt, aussagt, dann gibt es über Alireza viel zu sagen.

Der Boden ist mit einander überlappenden Teppichen in verschiedenen Farben und Größen ausgelegt, ähnlich wie ich es aus türkischen Derwischlogen kenne. Die Luft ist wie aufgeladen mit Gelehrsamkeit. An den wenigen Zentimetern Wand, die nicht mit Büchern bedeckt sind – darunter Gedichtbände und Kommentarwerke, Heiligenbiografien, Wörterbücher und Geschichtswälzer – befinden sich Fotos von Sufi-Meistern, Freunden und Familie, eine Zeichnung Zarathustras, Kalligrafiekunst und ein Spiegel. Ein paar Fotografien zeigen die frühen Tage der Siedlung Kalateh. Sie bilden junge Männer mit Idealen und Träumen ab, beim Campen, Picknicken oder unter einem Baum in die Lektüre versunken.

Am meisten jedoch fasziniert mich die Decke. Denn diese ist nichts Geringeres als eine Kunstinstallation: Hunderte getrocknete Rosen in allen denkbaren Rottönen hängen kopfüber an ihren Stängeln befestigt von gespannten Seilen herunter. Es muss Jahre gedauert haben, sie zu sammeln. Die

Rose ist im Islam ein Symbol für den Propheten Mohammed und in der persischen Dichtung ein Sinnbild für den göttlichen Geliebten.

„Mich interessieren an der Sufi-Dichtung die darin verborgenen Bedeutungen und Botschaften. Ich will sie verstehen und praktizieren", sagt Alireza und lehnt sich gegen die Rückenlehne seines Bürostuhls.

Alireza ist ein wandelndes Gedicht auf zwei Beinen. Die Verse, die er über vier Jahrzehnte gelesen hat, zusammen mit der frischen Bergluft, haben seinen Charakter geformt.

„Was genau ist Dichtung, und wie wirkt sie auf uns?", frage ich den Einsiedler.

„Dichtung ist in allen Kulturen die schönste und raffinierteste Ausdrucksform. Wir Menschen fühlen uns zu Schönheit hingezogen. Wenn etwas poetisch ausgedrückt wurde, berührt es uns und wir können es besser behalten", sagt Alireza. „Rumi sieht sich selbst nicht als Dichter. Er versteht Poesie als einen Behälter, in den er seine metaphysischen Erkenntnisse gießen kann, um sie an andere weiterzugeben."

Dann fügt er hinzu: „Je mehr ein Suchender in seinem Leben erlebt hat, je mehr er spirituell gereift ist, desto tiefer kann er die Gedichte verstehen. In ihnen kannst du erkennen, wer du bist. So weit, wie du Rumi näher gekommen bist, so tief kannst du seine Worte begreifen."

Mit anderen Worten: In dem Ausmaß, in dem du selbst zu Rumi geworden bist, kannst du seine Lehren wirklich erfassen. Doch bis dahin ist es ein langer Weg. Fürs Erste beschließe ich, die nähere Umgebung zu erkunden.

Am Ende von Alirezas Garten steht ein alter Kunststoffsessel mit eingebrochenem Sitzpolster, aus dem spiralförmige Federn ragen. Ich setze mich und blicke auf das Panorama. Die Sonne wärmt mein Gesicht, Schmetterlinge flattern umher, es riecht nach Frühling. Ein Vogelpaar ist in den Bäumen in einen Dialog vertieft. Der eine hat eine krächzende Stimme, der andere singt eine ausgefeilte Fiepsmelodie.

Vor meinem Sitzplatz fällt der Rasen zu einem steilen Hang ab, der in eine Schlucht mit bizarr geformten, erdroten Felsformationen übergeht. Unten im Tal rauscht ein Wasserfall, der sich in einen schmalen Bach ergießt, um sich dann schlängelnd in einer von sanft gewölbten Hügeln durchsetzten Ebene zu verlieren.

Die atemberaubende Gebirgslandschaft wartet mit einer ganzen Palette von fein abgestimmten Farben auf, als hätte ein unsichtbarer Maler seine Hand im Spiel gehabt: rot, erdbraun, diverse Grüntöne und ein vulkanartiges Grau – eine Mischung aus Grand Canyon, Alpental und schottischen Highlands. Am Horizont ist Neyschabur mit seinen Lichtern und Fabriktürmen zu erkennen. Gegenüber der Naturkulisse wirkt die Stadt auf mich wie eine fade Erscheinung.

Etwas betrunken von all der natürlichen Schönheit steige ich hoch zum Rand der Siedlung, hüpfe über ein Flussbett und kraxele auf einen Hügel. Jemand hat mir einmal gesagt, dass die Natur uns deshalb so inspiriert, weil sich in ihr alles in einem Gleichgewicht befindet. Jeder Grashalm und jede Ameise spielen die ihr zugewiesene Rolle.

Für die Sufis ist die Natur im konstanten *dhikr* begriffen – das Summen der Bienen, Plätschern der Bäche und Rauschen der Blätter ist ein einziger Lobpreis Gottes. Anders ist es mit dem Menschen, der seinen Daseinszweck vergessen hat und deshalb immer wieder erinnert werden muss.

Auf dem Hügel von Kalateh liegt ein bescheidenes Grab. Dem verwitterten Stein auf dem Boden zufolge gehört es einem Derwisch namens Abolhassan, nach dem Kalateh benannt wurde. Da keine Quellen existieren, die es erlauben nachzuvollziehen, wer dieser Abolhassan war, bleibt nur die Vorstellungskraft – ein Dichter, ein einfacher Derwisch, oder gar ein Heiliger?

Jedenfalls scheint es, als ob von Abolhassans Grab ein unsichtbarer Segen ausgeht, der sich über Kalateh legt. Mit dem Grab vor mir und den Bergen im Rücken meditiere ich eine Weile und spreche dann eine *Fatiha* für die Seele von Abolhassan, so wie es an islamischen Gräbern die Sitte ist: „Leite mich auf den geraden Pfad, den Pfad derer, denen Du Gnade erwiesen hast, nicht den Pfad derer, die Deinen Zorn erregt haben, und nicht den Pfad der Irregehenden." Die *Fatiha*, der die Sufis ausschweifende Kommentare widmeten, endet mit der Bitte um göttliche Führung.

Zurück am Haus treffe ich auf Alireza, der sich neben der gewaltigen Platane in seiner Einfahrt eine Tasse Tee genehmigt.

„Die meisten meiner Bücher habe ich unter diesem Baum geschrieben, Literatur und Notizzettel vor mir ausgebreitet", sagt Alireza. „Ich schrieb einfach auf, was im Moment entstand, ohne dabei an irgendein Publikum zu denken."

Dann meint er zu mir: „Kalateh sieht heute ganz anders aus, als wir es uns zu Beginn vorgestellt haben. Nichts von dem, was wir uns anfangs vorgenommen haben, ist Wirklichkeit geworden. Wer bin ich also, Pläne zu schmieden oder zu sagen, wo es langgehen soll? Das Leben bringt uns von selbst dorthin, wo wir hingehen sollen."

„Wenn der Mensch in ein Gleichgewicht mit sich selbst kommt, dann entsteht eine Balance zwischen der inneren und der äußeren Welt. Nichts ist mehr in Opposition zueinander. Gegensätze erscheinen nicht mehr als Feinde, sondern sie ergänzen sich."

Am Abend ziehe ich mich zurück in mein Zimmer, das Morteza gehört, dem älteren von Alirezas zwei Söhnen. Auf dem Bücherregal entdecke ich Hermann Hesses *Siddharta* sowie den *Faust* auf Farsi, daneben zwei mit weißem Putz geformte Umrisse tanzender Derwische, die einen dekorativen Kontrast zur Lehmfarbe der Wände hergeben. Ich sinniere über die geniale Konstellation des Schicksals, wie ein deutscher Suchender diese Nacht in einer Einsiedelei in den Bergen Chorasans zwischen den Klassikern seines Heimatlandes einschlafen wird.

Nachts kühlen die Temperaturen in Kalateh deutlich ab. Ich lege mich aufs Bett und ziehe die schwere Steppdecke bis ans Kinn. Ein Kerosinkocher, von dem ein dezenter Benzingeruch ausgeht, spendet mir zusätzliche Wärme. Draußen vor dem Fenster rascheln die Blätter an den Zweigen der Platane und werfen ein bezauberndes Schattenspiel an die Zimmerwand über meinem Bett. Als ich schon fast eingeschlafen bin, höre ich aus dem Nebenzimmer Alirezas andächtige, ins Nachtgebet vertiefte Stimme: *„Subhāna Rabbi Al-A'lā"* – Lobpreis sei dem Herrn, dem Höchsten.

* * *

An einem meiner Tage in Kalteh lädt mich Morteza nach dem Frühstück zur Gartenarbeit ein. Ohne zu zögern springe ich auf; endlich eine Gelegenheit, mich körperlich zu betätigen und diesem Ort etwas zurückzugeben. Morteza, der ein Stück jünger ist als ich, hat eine stämmige Figur, lockiges Haar wie sein Vater und trägt eine Gandhi-Brille mit kreisrunden Gläsern.

Bewaffnet mit Spitzhacke und Spaten laufen wir den Hang hinab durch Alirezas terrassenförmigen Obstgarten, in dem Kirsch-, Äpfel-, Quitten-, Walnuss-, Mandel-, Maulbeer- und Nektarinenbäume stehen. Am unteren Rand des Grundstücks beginnen wir, die Erde mit Hacken aufzulockern. Zwanzig neue Kirschbäume sollen gepflanzt werden. Beim Graben der Pflanzlöcher stoße ich auf wilden Knoblauch und Süßholzwurzel.

Alireza kommt mit dem Jeep heruntergefahren. Die Kirschbaumsetzlinge liegen in einem großen Plastiksack auf der Ladefläche verstaut. Mit Sonnenbrille, Käppi und kariertem Hemd sieht Alireza aus, als habe er sich geradewegs aus Kalifornien nach Kalateh befördert. Das Pflanzen ist Gemeinschaftsarbeit. Ich halte die Setzlinge fest, während Alireza Erde von der Oberfläche des Ackers schaufelt und sie behutsam um die jungen Stämme legt.

„Es dauert etwa siebenhundert Jahre, bis sich die oberste Erdschicht bildet", meint Alireza, als wir unseren ersten Baum gepflanzt haben. Die Grundlagen in Gartenbau und Landwirtschaft hat er sich aus Ratgebern angelesen. „Gott ist nicht in unserem Kopf. Er ist in unseren Taten. Wir müssen lernen, Gott in unseren Taten zu manifestieren."

Die Erde von Neyschabur sei voll von Mystikern und Weisen, meint Morteza: „Ihre Körper wurden zu Erde, und ihr Bewusstsein ging in diesen Boden ein. Nun laufen wir auf dieser Erde und essen die Früchte, die aus ihr hervorgehen."

Wie ich so in Alirezas Garten grabe, wird für mich einmal mehr erfahrbar, dass wir nicht getrennt sind von der Natur und ihren Zyklen. Obwohl ich kräftig schwitze und meine Finger am Griff des Spatens schon bald wund sind, ist mein Inneres erfüllt. Es ist, als habe ich der Erde von Chorasan, die so viele Sinnsucher vor mir getragen hat, etwas zurückgegeben.

Welche Saat verschwand jemals in der Erde, die nicht aufging?
Warum dann hast du Zweifel am „Samen" des Menschen?

* * *

Von der Abgeschiedenheit der Berge mache ich mich auf den Weg in den Zentralbasar von Neyschabur. Die Nouruz-Ferien sind inzwischen zu Ende. Neyschaburs Einkaufsmeile auf dem Imam-Chomeini-Boulevard ist wieder mit Kunden gefüllt. Bekleidungsgeschäfte präsentieren Jeans und Anzüge in ihren Auslagen. Juweliere warten auf Kundschaft. Ein Teppichgeschäft verkauft maschinengefertigte Billigläufer mit Zeichentrickfiguren wie SpongeBob oder dem Eichhörnchen von „Ice Age". Und das im Land der Teppichkunst, denke ich amüsiert.

Hinter dem überdachten Basar befindet sich eine Reihe von Läden, in denen das alte Handwerk überlebt hat: Ein Mann bietet selbstgeflochtene Körbe feil, sein Nachbar stopft Bettdecken mit Wolle. Daneben liegt eine *'attāri*. Sie ist Arzneimittelhandel, Kräuterladen und Parfümerie zugleich mit einer Spezialisierung auf schönen Düften und Medizin aus der iranischen Heilkunde.

Ich trete ein und lasse meinen Blick über die Regale wandern, die bis an die Decke mit kuriosen Mittelchen gefüllt sind: bunte Pulver, Steine und Flüssigkeiten, knorrige Wurzeln, getrocknete Blüten, diverse Teesorten, in Öl eingelegte Schlangen und Skorpione. Ob Fariduddin Attars Apotheke so ähnlich ausgesehen haben mag?

Der Legende nach saß Attar eines Tages hinter dem Tresen, als an seiner Ladentür ein Derwisch mit einer Bettelschale in der Hand vorbeikam. Attar wies ihn an, schnellstmöglich zu verschwinden. Da fragte der Derwisch: „Weißt du, wie du sterben wirst?" Attar lachte und entgegnete: „Genauso wie du auch sterben wirst!" – „So …", sprach der Derwisch, legte sich auf den Boden, zog eine zerlumpte Decke über seinen Kopf und verstarb noch im selben Augenblick. Nach dieser Begebenheit war Attar wie verwandelt. Er ließ seine Arbeit zurück, um sich ganz der Suche nach der göttlichen Wahrheit zu widmen.

Ich kaufe eine Flasche Minzessenz und eine mit Rosenwasser, welches der Händler Majid als Produkt von erster Güteklasse angepriesen hat. Majid, ein junger Apotheker mit adrett zur Seite gegelten Haaren, führt seine *'attāri* in der dritten Generation. Stolz zeigt er mir den achtzig Jahre alten Schubladenkasten seines Großvaters, auf dem längst vergilbte Etiketten mit schnörkeligen Beschriftungen kleben.

Es muss ein besonderes Gefühl sein, in der Stadt von Attar eine *'attāri* zu betreiben, stelle ich mir vor, doch Majid scheint nicht viel für die mystische Vergangenheit von Neyschabur übrigzuhaben. Stattdessen beklagt er sich, wie so viele, über die schlechte Wirtschaftslage: „Hätte ich diesen Laden nicht geerbt, wäre ich schon längst nach Teheran gegangen. Die Frauen dort sind viel mehr auf ihre Haar- und Hautpflege bedacht."

Mit Pflegeprodukten für Damen ließe sich gutes Geld verdienen, aber nicht mit ein paar Tees und Pulvern in einer Kleinstadt wie Neyschabur. Dann betritt eine ältere Frau im *tschādor* das Geschäft. Ihr Gesicht ist mit einer dicken Schicht Make-up überzogen. Dort, wo sich normalerweise die Augenbrauen befänden, hat sie mit einem schwarzen Kosmetikstift zwei gekurvte Linien gezogen.

Die Dame quengelt: „Ich werde einfach nicht dünner und das, obwohl ich kaum Appetit habe."

„Wie viele Kinder haben Sie?", fragt Majid.

„Sechs. Aber meine Mutter hatte zehn."

Majid lacht: „Möge dir Gott Gutes schenken!"

Dann kramt er ein Fläschchen mit einer Tinktur hervor und empfiehlt seiner Kundin Selleriesaft zum Abnehmen. Ob wohl die Menschen zu Attars Zeiten schon ähnliche Probleme hatten?

Am Abend bin ich mit Morteza am Grabmal des Neyschaburer Sufi-Dichters verabredet. Das achteckige, mosaikbesetzte Mausoleum liegt in einem symmetrisch angelegten Garten. Persische Gartenanlagen sind als Abbild des himmlischen Paradieses konzipiert, sie sprechen die Sinne des Besuchers an und rufen ein Gefühl von innerem Frieden hervor. Während aus Lautsprechern meditative *setār*-Musik tönt, taucht die untergehende Sonne den Park in ein warmes, goldenes Licht. Die Szenerie wirkt verträumt und unwirklich schön, so als befänden wir uns an einem Ort, der nicht in diese Welt gehört.

„Sufis sprechen von zwei Arten des Reisens: Reisen in der Weite und Reisen in der Tiefe", sagt Morteza, als wir uns auf unserem Spaziergang über Neyschaburer Geschichte, persische Literatur und das Reisen austauschen.

Das Reisen in der Weite meint die Erkundung der äußeren Welt, der ich mich in den letzten zehn Jahren ausgiebig hingegeben habe. Das Reisen in der Tiefe, die innere Reise, jedoch bedarf keines Ortswechsels. Mit der Zeit habe ich verstanden, dass ich mich letztlich überall selbst mit hinnehme. Vor dem eigenen Schatten ist kein Entkommen. Anders ausgedrückt: Reisen bildet und formt den Menschen, wirklich tiefgreifende Veränderung jedoch erfordert inneres Reisen. Umso besser, wenn äußeres und inneres Reisen zusammenfallen, denn dann wird eine gewöhnliche Reise zur Pilgerfahrt.

Mir ist gleichwohl bewusst, dass ich mit meinem deutschen Pass alle erdenklichen Privilegien genieße, während es Morteza als Iraner schwer hat, überhaupt an Visa für westliche Länder zu kommen – von der beständig an Wert verlierenden iranischen Währung gar nicht zu sprechen.

Wir verstummen, als wir vor Attars Mausoleum angelangen. Ein Vogelschwarm zieht über der türkisfarbenen Kuppel des Grabmals seine Kreise. Nach ein paar Runden lassen sich die Vögel in einer Baumkrone nieder, um dann nach einer Weile erneut aufzuflattern. Ich denke an die Vögel aus Attars Meisterwerk, dem *Manteq ut-Tayr*. Attars berühmtes Wortspiel liegt darin, dass *si morgh* (dreißig Vögel) gleichzeitig der *Simorgh* sind, jener sagenumwobene König aller Vögel, den zu finden sie ausgeflogen sind.

Am Ende ihrer beschwerlichen Suche erkennen die Vögel, dass sie bereits derjenige sind, nach dem sie suchen. Mit dieser Realisierung gehen die Vögel im göttlichen Ursprung auf. Die äußere Reise, die auch eine innere war, hat sie letztlich an den Grund ihrer selbst geführt. Doch erst das mühselige

Reisen im Außen hat dieses Finden möglich gemacht. Wer sucht, ist das Gesuchte – diese Erkenntnis liegt allen mystischen Traditionen zugrunde, ob in der Bhagavad Gita und im Vedanta oder in den Predigten Meister Eckharts.

Vielleicht steht deshalb auf der türkisfarbenen Kuppel über Attars Grab das „Wort der Einheit“ – *lā illaha il Allah.* Zu glauben, dass etwas außerhalb von Gott Existenz hat, ist in der Mystik von Attar und Rumi eine Form von Götzenanbetung. Der größte Götze ist unser eigenes Ego, das uns glauben lässt, eine von allem getrennte separate Identität zu besitzen.

Einst, so wird erzählt, begegnete Rabia Al Adawiyyah, die Bagdader Mystikerin aus dem achten Jahrhundert, einem Sufi und fragte ihn nach seinem Zustand, woraufhin dieser antwortete: „Ich bin den Pfad des Gehorsams gegangen und habe, seit Gott mich erschaffen hat, nicht gesündigt.“ – Darauf entgegnete ihm Rabia: „Ach, mein Sohn, deine Existenz ist eine Sünde, die mit keiner anderen Sünde vergleichbar ist!“

Teheran, Januar 2017

Ich stehe in einem Nobelviertel im Norden Teherans vor dem Eingangstor einer Villa. Nachdem ich mich vergewissert habe, dass ich wirklich an der richtigen Adresse gelandet bin, drücke ich auf die Klingel und sage meinen Namen in die Freisprechanlage. Das Tor öffnet sich. Über einen Gartenpfad gelange ich an die Haustür. Von dort führt eine Treppe hinauf in eine hell beleuchtete, geräumige Studiowohnung. Kleine Gruppen von Menschen sind bereits eingetroffen. Sie fallen sich zur Begrüßung in die Arme, tauschen Neuigkeiten aus und kramen hausgemachtes Essen hervor, das in einer modernen Wohnküche verschwindet.

Viele der Besucher sind in weiße Leinenklamotten und kragenlose Hemden gekleidet, die mit persischen Kalligrafiebuchstaben verziert sind. Jemand erklärt mir, dass Weiß die Farbe der Reinheit sei, schließlich drehten sich die Derwische in der Türkei auch in weißen Gewändern. Die Männer tragen in der Regel Bärte, einige eine lockige Haarpracht. Die meisten Frauen haben die im öffentlichen Raum vorgeschriebenen Kopftücher abgelegt.

Das Atelier ist eklektisch-bunt dekoriert: In einer beleuchteten Wandnische steht eine Buddha-Statue, daneben ein Poster mit einer alten hebräischen Schrift und Devotionalien aus der Sufi-Tradition. In der Mitte des Raumes befindet sich ein weißer Gebetsteppich, auf dem zehn Gedichtbände liegen, darunter Werke von Rumi, Hafis, Attar, Chayyam und Schah Nematollah Vali. Der Boden ist mit Sitzkissen ausgelegt.

Etwa vierzig Menschen – Frauen und Männer zu gleichen Anteilen – sind diese Woche erschienen, um an der Zeremonie aus Poesie, Musik und Derwischdrehen teilzunehmen. Der Gastgeber ist ein Arzt, der vor Jahren bei einem Besuch von Rumis Grab in Konya das Drehritual der Mevlevis erlebte und davon so berührt war, dass er beschloss, ein Stück dieser Tradition nach Teheran zu tragen. Über die Jahre hat sich ein fester Kern an Teilnehmern gebildet, von denen die meisten aus der iranischen Mittelschicht stammen.

Um halb zehn werden die Lichter ausgeknipst und Kerzen angezündet. Nach einer Begrüßung verliest jemand Rumi-Verse, während ein anderer liebliche Melodien auf der *tanbur*, einer kurdisch-iranischen Laute, improvisiert. In der ersten halben Stunde tragen Besucher in einer spontanen Abfolge Gedichte aus dem Diwan-e Schams vor. Einige rezitieren auswendig, andere lesen von den Displays ihrer Smartphones ab.

Manche Zuhörer atmen tief ein und aus, für alle hörbar, so als würde sich ihr Genuss allmählich steigern. Einige reagieren mit verzückten Ausrufen wie *„Yā Allah!"* auf die Gedichte. Wenn in einem Vers der Name von Schams-e Tabrizi fällt, ertönt ein inbrünstiges *„huuu"*, die mystische Silbe und zuweilen auch Grußformel der Sufis. *Hu* ist das arabische Pronomen in der dritten Person Singular – Er repräsentiert die göttliche Allgegenwart.

Langsam nimmt die Musik im Hintergrund an Tempo auf. Jemand spielt händewirbelnd auf der *daf*, einer Rahmentrommel, die bei Derwischzeremonien in Iran zum Einsatz kommt. Eine junge Frau, die ein schwarzes Kleid und eine indische *mala*-Kette um den Hals trägt, steht auf und tritt in die Mitte. Sie verbeugt sich in alle vier Richtungen und fängt an, im Kreis zu wirbeln, wobei der Saum ihres Kleides durch die Luft fliegt. Nun werden die Stimmen in der Gruppe lauter und gehen in ein kräftiges *dhikr* über. Die Hitze nimmt zu, ein Geruch von Schweiß erfüllt die Luft. Einige halten sich an den Händen und schaukeln ihre Köpfe hin und her. Bald schütteln sie sich ganz, manche stoßen dabei spontane Schreie aus. Die Wohnung bebt in kollektiver Ekstase.

Als der Rausch nach etwa einer halben Stunde abgeklungen ist, singt die Frau, die sich zuvor gedreht hat, einen *kirtan*, einen devotionalen Gesang aus Indien, gefolgt von weiteren Rumi-Versen und einem Schlussgebet. Nach dem Gebet stürmen die ersten bereits in die Küche, um das Büfett vorzubereiten. Andere meditieren noch, zwei Frauen liegen sich in den

Armen und weinen. Doch bald schon kippt die andächtige Stimmung in den Modus einer vergnügten Abendgesellschaft. Schmausen und Smalltalk erfüllen nun den Raum, so als handele es sich um eine völlig normale Dinnerparty.

Das Gruppenritual an diesem Abend trägt so manche Züge herkömmlicher Sufi-Zeremonien. Doch die Sufi-Orden haben es seit Gründung der Islamischen Republik nicht leicht. Viele ihrer Meister wurden verfolgt, öffentliche Versammlungen zum Großteil verboten. Was von den alten Ordensstrukturen übrig blieb, bewegte sich in den Untergrund. In einem Land, in dem es zudem keine Diskos oder öffentlichen Räume für Formen kollektiver Trance-Erfahrung gibt, liegt der Reiz von Versammlungen wie dieser auf der Hand. Rumis Mystik ist ein gemeinsamer Nenner, der die Menschen zusammenbringt.

Die Popularität Rumis lässt sich auch auf Teherans geschäftiger Revolutionsstraße ablesen. Gegenüber vom Campus der Teheraner Universität befindet sich eine der wohl größten Ansammlungen an Buchläden in der Welt. Tagsüber wimmelt es auf den Bürgersteigen von Studenten und Bibliophilen. Straßenverkäufer bieten an Bordsteinen offiziell verbotene Literatur feil – doch Iraner sind Meister im Umgehen staatlicher Anordnungen.

Kinder rennen im zäh fließenden Verkehr zwischen Autos umher. Sie verkaufen bunte Umschläge mit Hafis-Gedichten auf kleinen Zetteln, ein Orakel-to-go, um der alltäglichen Pendlerfahrt eine Prise Sinn zu verleihen.

In praktisch jedem Laden gibt es die wichtigsten Werke der Sufi-Dichter zu kaufen, allen voran das Masnawi. Ein Händler erzählt mir, dass sich bei ihm der sechsbändige Masnawi-Kommentar des Rumi-Forschers Karim Zamani als Bestseller verkaufe. Ich bin verblüfft: Ein literarisches

Kommentarwerk, das einen halben Regalmeter in Beschlag nimmt und andernorts wohl lediglich einer hochspezialisierten Leserschaft vorbehalten wäre, geht hier wie warme Semmeln über den Ladentisch.

Dass sich Iraner heute ganz besonders für Rumis Werk interessieren, lässt sich auf verschiedene Weise deuten: Besonders in den Städten sind die meisten Menschen des ideologisierten Islam überdrüssig, wie er durch die iranische Politik beworben wird. Sie sehnen sich nach jener beseelten Spiritualität, die Rumi verkörpert. Rumis Dichtung ist ein Zufluchtsort in wirtschaftlich schweren Zeiten sowie ein Ruheanker im Alltagsstress und eine Pause von der modernen Informationsflut.

Außerdem gibt es einen Trend in der iranischen Mittelschicht, alles, was im Westen Erfolg hat, für erstrebenswert zu halten. Ironischerweise lesen viele Iraner Rumi deshalb, weil er sich in den USA als Bestseller verkauft. Das erinnert mich an die Geschichte eines indischen Freundes, der erst während seines Studiums in Nordamerika Yoga entdeckte und dann bei seiner Rückkehr nach Indien zum Suchenden wurde.

Immer wieder von Neuem beeindruckt mich das intime Verhältnis, welches viele Iraner zu ihrer klassischen Dichtung pflegen. Poesie ist für sie kein museales Kulturgut, sondern mitten ins Leben eingebettet. Iraner denken und fühlen durch ihre Dichtung. Diese macht einen wichtigen Teil ihrer Identität aus – wer eine gute Zahl an Gedichten auswendig aufsagen kann, beweist damit sein Persersein.

Viele Iraner bekamen ihre ersten Gedichtverse bereits auf dem Schoß der Eltern und Großeltern ins Ohr rezitiert. So kommt es, dass selbst Angehörige von Schichten, die bei uns als „bildungsfern“ gelten würden, in den profansten Augenblicken des Alltags ihre geliebten Dichter zitieren. Gern erinnere ich mich an eine Taxifahrt in Schiras zurück, während der ich im Stau stecken blieb und der Fahrer plötzlich begann, einen Hafis-Ghasel nach dem anderen aufzusagen.

Parastoo, eine Freundin aus Teheran, erzählte mir einmal, wie sie Rumi beim Lesen als intimen Vertrauten erlebt. Wenn sie aus dem Diwan-e Schams rezitiert, sei es, als wäre Rumi eine innere Stimme in ihr, die sie an ihren Daseinszweck erinnert: „Rumi sucht nicht nach Freude. Er weiß, dass er selbst die Quelle der Freude ist. Eine Freude, die ihm niemand geben oder nehmen kann. Deshalb ist er ein Vorbild für mich."

Ich bin mir bewusst, dass ich aus meinen Begegnungen keine allgemeinen Schlüsse über Iran ziehen kann, schließlich komme ich durch meine Ausrichtung mit einer bestimmten Gruppe von Menschen in Berührung; Menschen, die wie ich selbst auf der Suche sind.

Viele jüngere Iraner hingegen wissen oft nur noch wenig vom Sufitum und jagen lieber – so wie sonst überall auf der Welt – den Verheißungen einer hypermateriellen Kultur hinterher. Der unerlässliche Hunger nach immer neuen Objekten und Erfahrungen erwächst aus jener Suche nach wirklicher Freude, nur eben unbewusst. Inzwischen droht der kapitalistische Lebensstil auch in Iran die einheimische Weisheitskultur zu verdrängen. Rumi ist deshalb auch ein Rezept gegen den Konsumwahn: Er lehrt uns, endlich dort zu suchen, wo wir nachhaltig fündig werden können.

* * *

Drei Jahre nach meinem ersten Masnawi-Unterricht steige ich noch einmal ins Taxi, um zum Sprachinstitut zu gelangen, das am Ende der *Valiasr* liegt, Teherans Nord-Süd-Achse und eine der längsten Straßen der Welt. Die Strecke ist natürlich wie immer verstopft, doch das stört mich nicht. Ich genieße den Blick auf die Kette der schroffen Albors-Berge, die Teheran von Norden her einschließen.

Seit knapp zweieinhalb Jahrhunderten ist Teheran der pulsierende Mittelpunkt des modernen Iran. Die Hauptstadt wächst einem nicht gleich ans Herz. Endlose Staus, schlechte Luft, überfüllte Transportmittel und eine größtenteils reizlose Architektur können abschreckend wirken. Für viele Touristen ist Teheran deshalb nur eine Station auf der Durchreise zu den Prachtstädten Isfahan oder Schiras, die vom schönen alten Persien künden. Für mich bleibt Teheran mit den Erinnerungen an mein Auslandssemester verbunden, an lange Taxifahrten, Wanderungen ins Gebirge und meine ersten Unterrichtsstunden auf der persischen Langhalslaute *setār*.

Als ich ankomme, hat mein *ostād* Dr. Shahbazi gerade seinen Unterricht beendet und sitzt im Büro am Computer, beschäftigt mit der Bearbeitung eines neuen Artikels. Seit Jahren teilt Dr. Shahbazi das, was er von Rumi gelernt hat, mit einem breiten Publikum – ob bei öffentlichen Ansprachen, im Masnawi-Unterricht an diversen Instituten oder in einem Telegram-Kanal mit über zehntausend Mitgliedern. Er hilft dabei auch Menschen in existenziellen Krisen, verwendet Rumi, um ihnen eine neue Sicht auf ihr Leben zu schenken.

Shahbazi dreht sich zu mir, jetzt habe ich seine ungeteilte Aufmerksamkeit. Als ich ihn nach seiner Beziehung zu Rumi frage, ist es, als würde mir jede Zelle seines Körpers zuhören. Er nimmt einen tiefen Atemzug: „Ich wuchs in einer streng religiösen Familie auf. Mein konservativer Vater machte einen fanatischen Schiiten aus mir. Bis zum Alter von zwanzig war ich davon überzeugt, dass nur Schiiten von Gott geleitet werden und ins Paradies eintreten dürfen. Alle anderen, dachte ich, kommen in die Hölle."

Als Shahbazi mit dem Lesen des Masnawi begann, war er außer sich. Besonders die Einführung zum ersten Buch verärgerte ihn. Dort stand doch tatsächlich, dass Gott das Masnawi bewache und nur die Reinen es berühren sollten. Wie konnte Rumi für sein Buch solche Sätze verwenden, die sonst nur dem Koran vorbehalten sind? Empört legte er das Masnawi zur Seite. Einige Jahre vergingen, bis er Rumis Werk erneut in die Hand nahm und es einmal von Anfang bis Ende durchlas. Zu dem Zeitpunkt hatte sich Shahbazi bereits von den Einstellungen seines Vaters gelöst und die Identität eines Intellektuellen angenommen. Diesmal störte ihn Rumis Kritik der Wissenschaften.

„An einer Stelle sagt Rumi, dass die Wissenschaft nur gut dazu sei, einen Stall zu errichten. Das machte mich wütend. Also legte ich das Masnawi erneut zur Seite."

Shahbazi lacht. Erst als er in Schiras ein Literaturstudium aufnahm, konnte Shahbazi Rumis Botschaft annehmen: „Ich begriff, dass seine Worte stimmen. Obwohl ich einmal sehr stolz war, kann ich jetzt sagen, dass ich mich voll und ganz Rumi hingegeben habe, dass ich ihm wirklich vertraue. Doch man muss geduldig sein und das Masnawi ein paar Mal lesen, um wirklich eine enge Beziehung zu dem Buch aufzubauen."

In den letzten fünfzehn Jahren hat Shahbazi das Buch dutzende Male durchgelesen. An manchen Tagen verbringt er bis zu zehn Stunden mit der Masnawi-Lektüre.

„Beim Lesen bin ich wie von Zeit und Ort getrennt. Ich spüre in meinem Körper eine starke Hitze, fühle mich leicht und schwerelos. Dieses Buch bringt eine tiefe innere Zufriedenheit, einen süßen inneren Frieden sowie eine herrliche Begeisterung und Leidenschaft in mein Leben."

Einmal zog sich Shahbazi während der Nouruz-Ferien für sechs Tage in ein Zimmer zurück, um vom Morgengrauen bis in die Nacht im Diwan-e Schams lesen: „Zu Beginn verspürte ich eine tiefe Demut. Ich fühlte mich klein angesichts der Größe Rumis. Das zweite Gefühl, das aufkam, war Hoffnung. Denn bei Rumi gibt es keinen Platz für Hoffnungslosigkeit."

Als Nächstes empfand Shahbazi, wie Rumi ihn dazu einlud, sich Gott ganz hinzugeben. Wie in jenem berühmten Vers, in dem Rumi die Hingabe des Menschen zu Gott mit einem Glücksspiel vergleicht. Schließlich weiß der Mensch auf dem mystischen Pfad nicht, was er in diesem „Spiel" mit Gott letztlich gewinnen wird:

Glücklich ist der Glücksspieler, der alles, was er hatte,
aufs Spiel setzte;
Nichts blieb ihm als die Lust auf eine weitere Spielrunde.

„Vollständige Selbsthingabe ist einer der Schlüssel zu Rumis Denken. Du musst von Anfang an bereit sein, alles aufzugeben", sagt Shahbazi. „Rumi zeigt dir, dass in dir eine Sonne existiert, welche die ganze Welt erleuchten kann. Doch stattdessen ziehst du los und erbettelst dir etwas von all den anderen Bettlern. Das ist so, als würde die Sonne eine Glühbirne bitten, ihr Licht zu schenken."

Er fährt fort: „Zu guter Letzt verlieh mir Rumi das Gefühl, Leben und Tod gleichsam zu lieben. Jemand, der Rumi wirklich verstanden hat, genießt alle Momente des Lebens und ist jeden Moment bereit, sein Leben zurückzulassen. Das ist ein seltsames Paradox."

Was das für eine Auswirkung auf das tägliche Leben hat? „Beim Lesen dieser Verse wird dein ganzes Wesen gereinigt und geläutert. Dein Leben verändert sich", meint Shahbazi. „Äußerlich tue ich immer noch dieselben Dinge – etwa esse, laufe oder spreche ich mit meiner Frau. Aber all dies passiert mit mehr Tiefe, mit einer klaren Ausrichtung und einem Gefühl der inneren Expansion."

3. Mit der Sprache des Herzens
Syrien

Auch diese Suche in uns hast Du erschaffen. Die Befreiung von dieser Qual ist Dein Geschenk.

Von Chorasan und Zentraliran führte der Weg der Valad-Familie nach Bagdad, Sitz des Abbasiden-Kalifats und altehrwürdiges Zentrum der Sufi-Kultur. Hier befindet sich das Grabmal von Abdulqadir al-Dschilani, einem mystischen Prediger aus dem 12. Jahrhundert, nach dem einer der großen Sufi-Orden benannt ist, die Qadiriyya, dessen Einfluss von Westafrika bis auf den indischen Subkontinent reicht.

Anschließend folgten die Valads der Pilgerroute nach Mekka, was zu Fuß gut einen Monat gedauert haben muss. Dort erfüllte Bahauddin seine Pflicht als frommer Muslim, einmal im Leben an der Hadsch teilzunehmen. Auf der Rückreise von Mekka in Richtung Nordwesten kam die Familie durch Damaskus, neben Bagdad und Kairo eines der drei wichtigen islamischen Zentren, die westlich von Iran liegen. Rumi konnte damals wohl noch nicht ahnen, dass er anderthalb Jahrzehnte später einmal zum Studium nach Syrien ziehen würde.

Über Aleppo erreichten die Valads schließlich Anatolien. Dort schlugen sie ihre Zelte zunächst in Malatya auf, gefolgt von vier Jahren im ostanatolischen Aqshahr (nahe der heutigen Stadt Erzincan), wo Bahauddin unter der Patronage eines Lokalfürsten an einer *madrasa*, einer Koranschule, unterrichtete. Als die Förderung ausgesetzt wurde oder Bahauddin eine attraktivere Stelle angeboten bekam, zog die Familie weiter nach Larende. Die Stadt ist heute unter dem Namen Karaman bekannt und liegt 120 Kilometer südwestlich von Konya in einer von Landwirtschaft geprägten Region.

Die sieben Jahre, die sein Vater in Larende lehrte, müssen für Rumi eine prägende Zeit gewesen sein. Hier trat er ins Erwachsenenleben ein und heiratete im Alter von siebzehn Jahren Gowhar Chatun, die Tochter eines Samarkander Schülers, der Rumis Vater treu ergeben war und die Familie auf ihrem Weg gen Westen begleitet hatte. Aus der arrangierten Ehe gingen zwei Söhne hervor: Alauddin und Sultan Valad.

In Larende verstarb auch Rumis Mutter Momene Chatun, deren Grab erst vor einigen Jahren wiederentdeckt wurde. Frauen schafften es – wie auch im europäischen Mittelalter – viel seltener in die Annalen der islamischen Geschichte als Männer, sodass wir leider nichts über die Persönlichkeit von Momene Chatun wissen.

Larende lag im Herrschaftsgebiet der Seldschuken, hatte jedoch eine beträchtliche christliche Bevölkerung. Als frommer Prediger an den örtlichen Koranschulen machte sich Bahauddin einen Namen, der bis zum Seldschukensultan vordrang. Der Sultan ließ den Gelehrten aus Balch schließlich an seinen Hof nach Konya rufen und offerierte ihm eine Anstellung in der Hauptstadt des Reiches.

Unter den Seldschuken durchlebte Konya eine Periode des Wohlstands und der politischen Stabilität, welche die Stadt auch kulturell erblühen ließ. Die Sultane stellten talentierte Künstler und Architekten an, denn durch den Bau religiöser Schulen und die Förderung von Geistlichen mit Sufi-

Gesinnung sollte Konya zu einem Zentrum der mystischen Gelehrsamkeit im Westen der islamischen Welt werden.

Erst wenige Jahrzehnte vor der Ankunft der Valads hatten die Seldschuken weite Gebiete Mittelanatoliens, die zuvor zum Byzantinischen Reich gehörten, unter ihre Herrschaft gebracht. Da das christliche Byzanz auch als Oströmisches Reich bekannt war, trug es auf Arabisch den Namen *al-rum*. Noch heute werden griechischstämmige Christen in der Türkei als *rum* bezeichnet. Der Name „Rumi" beschreibt also eine geografische Zugehörigkeit und spielt auf Konyas Lage in den Grenzgebieten zwischen Byzanz und der islamischen Welt an.

Zu Rumis Lebzeiten war Konya eine multiethnische Stadt, in der griechische und armenische Christen Seite an Seite lebten mit muslimischen Türken aus Zentralasien sowie persischen Immigranten aus Chorasan, die vor den Mongolen geflohen waren. Bahauddin Valad schätzte sich glücklich, zum Lebensabend seiner geliebten Religion an den Grenzen der islamischen Welt zu Aufschwung zu verhelfen.

Bahauddin war Rumis erster Lehrer, von dem er die Grundlagen der islamischen Tradition erlernte. Der junge Dschalaluddin erlebte seinen Vater nicht nur beim Predigen auf dem *minbar*, der Moscheekanzel, sondern erhielt durch ihn Einblicke in das Leben eines Gott zugewandten Mystikers. Bahauddin säte auf diese Weise spirituelle Samen in Rumi, die eines Tages zu einem mächtigen Baum aufgehen sollten, der die Größe des Vaters um ein Vielfaches überstieg. Bahauddin verstarb 1231, zwei Jahre nachdem sich die Valads in Konya niedergelassen hatten.

Nach dem Tod von Rumis Vater übernahm Borhanuddin Mohaqqeq die Erziehung des heranwachsenden Geistlichen.

Borhanuddin war ein Schüler Bahauddins, der in Chorasan zurückgeblieben war. Der Legende nach hatte Borhanuddin einen Traum, in dem ihm Bahauddin erschien und ihn darum bat, Rumis Ausbildung nach dessen Tod zu übernehmen. Unverzüglich reiste Borhanuddin nach Konya und nahm Rumi in seine geistige Obhut. Unter seinem neuen Lehrer, der eine asketische Persönlichkeit besaß, lernte Rumi, was es bedeutet, die *nafs* zu bändigen und dem Pfad eines Sufi-Adepten zu folgen.

Ein islamischer Gelehrter benötigte zur Ausübung einer Lehrtätigkeit jedoch zunächst das Diplom einer angesehenen Rechtsschule. Die renommiertesten Lehrinstitute befanden sich außerhalb Anatoliens. Um Rumi eine gute Karriere zu ermöglichen, schickte Borhanuddin den jungen Mann zum Studieren nach Syrien. Für das Studium ließ Rumi seine Frau und die zwei Söhne im Alter von sechs und acht in Konya zurück.

So bezog der 25-jährige Rumi in der zweiten Jahreshälfte von 1232 ein Internatszimmer in der Halawiyah-Madrasa von Aleppo. Die Stadt war im Mittelalter ein pulsierendes intellektuelles Zentrum mit einem feinen Basar, imposanten Sakralbauten und zahlreichen religiösen Hochschulen. In Aleppo studierte Rumi Theologie in der Tradition der Hanafiten, jener islamischen Rechtsschule, welcher die Valads angehörten. Als angehender Rechtsgelehrter und Theologe lernte Rumi, analytisch zu denken und scharf zu argumentieren. Er studierte das heilige Buch bis in die letzten Feinheiten, vertiefte sich in Koran-Kommentare und eignete sich das islamische Rechtsdenken an.

So kehrte Rumi als gestandener islamischer Kleriker nach Konya zurück. Bei seiner Ankunft soll Borhanuddin Rumi empfohlen haben, für seine weitere spirituelle Reifung eine Woche lang betend und fastend in Klausur zu gehen. Doch das, sagt man, war Rumi nicht genug. Er entschied sich für vierzig Tage der Einsamkeit, nur bei Wasser und Brot, so wie es in vielen Derwischtraditionen üblich ist. Zum Ende der Klausur erklärte Borhanuddin Rumis theologische und mystische Ausbildung für beendet.

Kurz nach seiner Rückkehr aus Syrien verstarb Rumis Frau Gowhar Chatun. Er heiratete nochmals und hatte zwei weitere Kinder, eine Tochter und einen Sohn. Als Lehrer trat Rumi bald in die Fußstapfen seines Vaters und nahm – wie es dieser getan hatte – seinen eigenen Sohn Sultan Valad in die Vorlesungen mit. Manchmal, so wird berichtet, hielt das Publikum die beiden für Brüder, schließlich betrug ihr Altersunterschied gerade einmal zwanzig Jahre, während Rumi und sein Vater fast sechzig Jahre auseinanderlagen.

Rumi lehrte in vier *madrasas* und zog dabei eine bunte Mischung von Schülern an. Seine Anhänger waren hauptsächlich Laien, die dem strengen Islam der Kleriker wenig abgewinnen konnten. Unter ihnen befanden sich muslimische Kaufleute, Händler und Handwerker. Auch griechische und armenische Christen fühlten sich zu Rumi hingezogen, ebenso eine georgische Prinzessin namens Gorji Chatun. Manche dieser Adepten konvertierten unter Rumis Einfluss zum Islam.

Selbst Funktionäre der Seldschuken gehörten zu Rumis Schülern, denn viele Politiker seiner Zeit waren – anders als heute – um eine fundierte spirituelle Charakterschulung bemüht. Rumi war sich dessen bewusst, dass er mit seinen Lehren einen positiven Einfluss auf die Geschicke des Staates ausüben konnte. Insgesamt jedoch war Rumis Einstellung zur Politik, wie es Franklin Lewis beschreibt, von „durchdachter Gleichgültigkeit“.

Aleppo, Juli 2009

Das Thermometer zeigt vierzig Grad im Schatten an, doch die sengende Hitze macht mir nichts aus. Eindrücke prasseln auf mich ein: das erste Mal im Orient, der erste Spaziergang über einen arabischen Basar, unzählige Einladungen zum Tee mit Gemüsehändlern und Seifenverkäufern. Die wenigen Sätze auf Arabisch, die ich auswendig gelernt habe, reichen aus, um die Herzen der Menschen zu gewinnen. An praktisch jeder Straßenecke werde ich freundlich angesprochen, sodass ich mich nur langsam von der Stelle bewege. Doch schließlich geht es mir nicht ums Ankommen, sondern ums Erleben. Meine Sinne sind in Feststimmung.

Gestern bin ich, ein gerade erst in die Volljährigkeit eingetretener Oberstufenschüler, in Aleppo eingetroffen. Hinter mir liegt eine 3700 Kilometer lange Überlandreise von Norddeutschland über die Adria, Griechenland, Istanbul und Zentralanatolien. Zum ersten Mal in meinem Leben betrete ich eine Moschee. In der Nachbarschaft der Großen Moschee, die in der Umayyaden-Dynastie errichtet wurde, befindet sich auch die Halawiyah-Madrasa, Rumis theologische Hochschule.

Im Innenhof der Moschee umgibt mich ein Frieden, der das Gehupe auf den Straßen meilenweit entfernt scheinen lässt. Kinder rennen über den von der Sonne aufgeheizten Innenhof. Alte Männer in eleganten Ganzkörpergewändern sitzen im Schatten der Säulengänge und lassen *tasbihs*, rosenkranzartige Perlenketten, durch ihre Finger gleiten. Im Inneren der Moschee beobachte ich Gläubige bei ihrem Gebet und höre Koranschülern zu, die aus dem heiligen Buch rezitieren. All dies wirkt neu auf mich und ist doch irgendwie vertraut.

Diese Reise, auf der ich das interreligiöse Zusammenleben in Syrien ergründen möchte, finanziert sich durch ein Programm der zis Stiftung für Studienreisen, die jungen Menschen das Reisen im Rahmen eines selbst erdachten Themas ermöglicht. Vor meiner Abreise habe ich über das Internet Kontakte in verschiedenen Städten gesammelt; in Aleppo zu Ali, einem 24-jährigen Englischstudenten.

Ich treffe Ali im Hof der Großen Moschee. Sein kurzes schwarzes Haar ist nach hinten gekämmt, und er trägt ein Kinnbärtchen. Wir schlendern durch die Gebetshalle. „Es gibt in dieser Gegend mehr als zweihundert Moscheen. Jeder hat seine eigene Favoritin", sagt Ali. „So wie jeder Student unter seinen Dozenten einen Lieblingsprofessor hat."

Wir verlassen die Ummayaden-Moschee durch die Hintertür und treten ein in das Labyrinth des Souk. Ali kennt die verwinkelten Gassen der Aleppiner Altstadt, eine der am längsten durchgehend bevölkerten Städte der Welt, wie seine Westentasche. Der historische Kern von Aleppo hat sich viel von der Atmosphäre des alten Orients bewahrt. Beim Laufen durch die engen Straßen mit ihren Lebensmittelläden und Werkstätten fühlt es sich ein bisschen so an, als sei ich mitten in jene Zeit zurückversetzt, als der Markt frequentiert wurde von Derwischen, Wanderheiligen und Meistern wie dem großen Ibn Arabi, dessen Grab in Damaskus bis heute eine wichtige Pilgerstätte ist.

Hinter einer Reihe von Gewürzhandlungen mit Pyramiden bunter Püderchen in der Auslage biegen wir ab, laufen an einer hohen Steinmauer entlang, durchschreiten ein Tor und steigen eine Treppe empor, die auf einen ummauerten Platz führt. Ich staune. Wir sind im Innenhof einer weiteren Moschee gelandet, die ich wohl auf eigene Faust nie gefunden hätte.

Die Al-Adiliyah ist ein Gotteshaus, welches der osmanische Sultan Süleyman in der Mitte des 16. Jahrhunderts durch seinen Meisterarchitekten Mimar Sinan erbauen ließ. In der Mitte des Vorhofs steht ein eleganter sechseckiger Reinigungsbrunnen mit Schemeln. Der Schadirwan, eine Erfindung der Osmanen, besitzt eine pavillonartige Form und dient als Trinkwasserspender genauso wie zur Gebetswaschung.

In der an die Moschee angrenzenden Versammlungshalle erzähle ich Ali von meiner Recherche. Sofort bringt jemand Fladenbrot, Käse, Oliven, Gurken, Tomaten und den leckersten Humus herbei, den ich je gekostet habe. Es ist ein Gebot muslimischer Gastfreundschaft, den Neuankömmling bei seiner Ankunft zu versorgen. Während des Frühstücks erwähne ich, dass ich in Deutschland bereits Kontakt zu Sufis hatte und in Aleppo nun Anhänger des mystischen Islam treffen möchte.

„Dies ist eine Sufi-Moschee, wusstest du das gar nicht?“, stößt Ali zu meinem großen Erstaunen aus. Mein Herz macht einen Freudensprung – werde ich hier etwa Sufis in ihrem Glaubensalltag begleiten können? Mir wird bewusst, dass ich an den richtigen Ort geführt wurde. Es ist ein Wunder, wie sich die Dinge manchmal fügen, wenn man mit der richtigen Absicht nach etwas sucht.

Am Folgetag lädt mich Ali ein, als Gast in der Al-Adiliyah zu wohnen. Liebend gern tausche ich meine Backpacker-Absteige gegen den Schlafplatz im Gotteshaus ein. Tatsächlich weist mir Ali mitten in der Moschee eine Matratze zu, die auf einer kleinen Empore unter der mit geometrischen Mustern verzierten Dachkuppel liegt. Hier werde ich eine Woche lang wohnen, mit bestem Ausblick auf die Teppiche unter mir und das Treiben vor der Gebetsnische. „Was wäre wohl, wenn ein Syrer in einer deutschen Kirche übernachten wollte?", schreibe ich am Abend euphorisch in mein Tagebuch.

Um halb sechs werde ich durch den Gebetsruf geweckt. Von oben sehe ich den Betenden zu, die vor dem Morgengrauen den Weg in die Moschee gefunden haben. Später lasse ich mir von Ali die Bewegungsabläufe des islamischen Ritualgebets, *salah*, zeigen, das sich für den Sohn zweier Yogalehrer anfühlt wie eine muslimische Version des Sonnengrußes. Dann meditiere ich zur melodischen Rezitation des Koran, deren harmonischer Sprechgesang mir eigenartig vertraut erscheint.

Viel mehr noch als beim stillen Lesen offenbart sich der Koran dem Menschen beim Hören. Die Ästhetik einer schönen Rezitation koranischer Verse wirkt herzöffnend und reinigend. Reim und Rhythmus des koranischen Arabisch erzeugen eine Harmonie, die beim Zuhörer eine unmittelbare innere Stille hervorruft. Aus dieser Stille heraus eröffnet sich ein tieferes Erleben des inneren Sinnes, das in der bloßen Verstandeslektüre des Textes kaum erfahren werden kann. Für Sufis verleiht das Hören einer angenehmen Koranrezitation immer auch einen Hauch jener Erfahrung, die Mohammed gemacht haben mag, als er die Worte des Koran durch die Stimme des Engels Gabriel empfing.

Am Nachmittag füllt sich der Hof der Al-Adiliyah mit über einhundert Jungen, die sich in den Sommerferien zum Erlernen des Koran in der Moschee einfinden. Vor dem Beginn des Unterrichts trommelt Ali die Kinder zum Fitnessprogramm zusammen. Auch ich stelle mich zwischen die Koranschüler und lasse meine Hüften kreisen. Am Ende bin ich umringt von neugierigen Gesichtern, werde mit Fragen gelöchert und in Gruppenfotos gezogen.

Nach dem Work-out bilden sich kleine Kreise in der Arkadenvorhalle der Moschee. Die Schüler setzen sich an Bodenpulten auf ihre Fersen und beugen sich über die Bücher. Auf einmal kehrt ein konzentriertes Schweigen ein, nur ein Murmeln liegt in der Luft. Beeindruckt beobachte ich, wie diszipliniert die Jungen den Worten ihrer Lehrer folgen. Ali stellt mir einen Siebenjährigen vor, der bereits die ersten vierzig Seiten des Koran in seinem Gedächtnis untergebracht hat. Bald wird er als jemand, der den ganzen Koran auswendig rezitieren kann, den Titel eines *hafiz* erhalten – so wie auch Rumi, der sich nur wenige hundert Meter von hier ausbilden ließ.

In der Adiliyah-Moschee erlebe ich zum ersten Mal eine gelebte muslimische Spiritualität. Egal wem Ali mich vorstellt, stets werde ich mit einem Lächeln empfangen, schüttele Hände, küsse Wangen, werde in kürzester Zeit wie zu einem Mitglied der Gemeinde.

Als ob der Schlafplatz nicht schon Geschenk genug wäre, fragt mich der Moscheewächter Abu Abdul – ein rundlicher Mann, der immer ein Lächeln auf dem Gesicht trägt – in regelmäßigen Abständen, ob ich Hunger habe. Egal, wie meine Antwort ausfällt, lässt er jedes Mal Essen für mich herbeischaffen. Meinen Einwand, dass ich doch wenigstens etwas dafür bezahlen müsste, weist er stets entschieden zurück. Abu Abdul spricht kein Englisch, doch er ist fließend in der Sprache des Herzens:

Oft kommt es vor, dass ein Türke und ein Hindu dieselbe Sprache sprechen,
Und oft sind zwei Türken einander fremd.
Sich mit der Sprache des Herzens zu verständigen ist einzigartig.
Besser ist es, im Herzen eins zu sein als in der Sprache.

Die Sufis der Al-Adiliyah gehören der Shadhiliyya an, einem Orden mit Wurzeln in Nordafrika. Sufi-Orden florierten in Aleppo über viele Jahrhunderte. Selbst unter dem repressiven Assad-Regime konnten einige von ihnen überleben, wenn auch unter großer Zurückhaltung. Über Politik spreche ich während meines Besuchs kaum – meine syrischen Freunde kennen die Grenzen des Erlaubten und verhalten sich dementsprechend. Ich kann wohl sicher sein, dass der Geheimdienst auch meine Reise mitverfolgt.

Eines Morgens lädt mich Sheikh Abu Anas, ein Ältester aus der Gemeinde, zum Tee ein. „Siehst du dieses Teeglas?“, fragt er mich mit leiser Stimme. Er schaufelt einen Löffel Zucker in seine gläserne Tasse. „Der Zucker setzt sich unten im Glas ab. Deshalb muss er verrührt werden. Genauso ist es mit dem Menschen. In jedem von uns ist die Süße, das Göttliche, vorhanden. Doch es braucht jemanden, der in dir umrührt, damit sich deine Süße entfalten kann. Das ist Allah.“

Ein Gefühl für die Süße, von der Abu Anas gesprochen hat, gibt mir das *dhikr* in der Nacht von Mittwoch auf Donnerstag. Einmal die Woche werden die Lichter in der Versammlungshalle, wo Ali mir mein erstes Frühstück serviert hatte, ausgeknipst und die Klimaanlagen auf Hochtouren gebracht. Jung und Alt reisen aus der ganzen Stadt an, um dicht gedrängt in gegenseitiger Verbundenheit Gott näher zu kommen – tatsächlich ist eines der wenigen Stücke Dekor, welche die hohen Steinwände der Halle zieren, ein Tableau mit dem simplen Wort Allah, geschrieben in weißen Lettern auf schwarzem Hintergrund.

„Allah" schallt es dann empor bis an die Decke, untermalt mit melodiösen Gesängen zum Lobpreis des Propheten. Wir stehen in drei Kreisen. Hand in Hand mit meinen Nachbarn und hundert weiteren Männern wiege ich mich immer schneller zum Rhythmus der Rezitation. Vorne im Raum wachen die Ältesten, dass niemand im Rausch der Ekstase aus der Reihe tanzt. Die Formel *'Lā illaha il Allah'* – die Verneinung von Alles-außer-Gott – zieht mich hinein ins Einheitserlebnis.

* * *

Von Aleppo reise ich weiter durchs Land, besuche eine maronitische Kirchengemeinde in der Küstenstadt Latakia, treffe Ismailiten in der Nähe von Hama, spaziere durch die Ruinenstätte Palmyra und ergründe das multireligiöse Damaskus. In der Wüste bei An-Nabak, nördlich der Hauptstadt gelegen, verbringe ich einige Tage im Kloster Mar Musa al-Habashi, benannt nach einem christlichen Einsiedler, ähnlich jener asketischen Mönche, mit denen sich auch Rumi in den Bergen bei Konya traf. Mar Musa war vor dem Krieg eine Begegnungsstätte von Christen und Muslimen, in der

Toleranz und Dienst am Nächsten nicht nur gepredigt, sondern Tag für Tag gelebt wurden.

Alis Hochzeit bildet den Abschluss meiner Reise, bevor ich in Aleppo wieder in den Bus nach Istanbul steige und von dort nach Deutschland zurück trampe. Begleitet von den Schlägen einer *darbuka* schließe ich mich dem Kreis von Männern an, die auf einer religiös gefärbten Party ihre Köpfe zu frommen Hymnen schwenken.

Ali, der in einen silbern glänzenden Anzug gekleidet ist, steht im Mittelpunkt der Aufmerksamkeit, umgeben von Freunden und Verwandten, die ihn jubelnd auf ihre Schultern heben. Gegen zwei Uhr morgens erreicht die Feier ihren Höhepunkt. Nun ist es an der Zeit für Ali, den Männerkreis zu verlassen und, wie ich später in meinem Tagebuch festhalte, die Braut nach Hause zu bringen:

„Gegen zwei Uhr verlässt Ali mit einem symbolischen Akt die Feierlichkeiten und damit den Kreis der Männer. Jetzt wartet seine zukünftige Frau auf ihn, die Ali von ihrer Feier entführen und mit in die Hochzeitsnacht nehmen wird. Inmitten des Getümmels verabschiede auch ich mich von Ali. Wir umarmen uns, er schaut mir in die Augen. ‚Wir sind in einem Monat zu Freunden geworden, aber es kommt mir vor wie ein Jahr', sagt Ali. Ich bin tief gerührt. Dann wird er von seinen Freunden mitgeschleift nach draußen, wo die Zukunft auf ihn wartet."

* * *

Epilog

Die Berührung, die ich beginnend mit jenem Frühstück in der Al-Adiliyah erlebte, entfacht in mir eine Leidenschaft für islamische Kultur. In Syrien – genau wie bei Rumi knapp acht Jahrhunderte vor mir – stellten sich entscheidende Weichen für meinen Lebensweg.

Drei Jahre nach meiner Abreise, im Sommer 2012, wird Aleppo zum Epizentrum des syrischen Bürgerkriegs. 30 000 Menschen kommen allein in der Stadt durch Bombardements ums Leben. Die Altstadt, die ich geliebt hatte, ist eines der ersten Opfer. Der Souk – fast gänzlich zerstört. Das hoch aufragende Minarett der Umayyaden-Moschee – in Stücke zerbröckelt.

Was ist mit Al-Adiliyah? Die kleinere Moschee schafft es nicht in die Nachrichten. Doch später mache ich eine schmerzliche Entdeckung: Bilder bei Google Maps zeigen die Moschee ohne Kuppel, sie stürzte unter Raketenbeschuss ein. Der Säulengang ist mit Trümmern übersät und das Minarett von Einschusslöchern durchsetzt. Der Ort, mit dem ich so viel verbinde, ist nun eine Ruine. Doch der Schatz, den ich in der Al-Adiliyah fand, ist kein physischer, der sich durch Bomben oder Raketen beseitigen ließe.

Auch das Mar-Musa-Kloster, einmal als „Taizé des Orients" bekannt, ereilt ein trauriges Schicksal: Paolo dell'Oglio, der italienische Jesuitenabt, der das Kloster in den Achtzigerjahren neu gegründet hatte, wird im Sommer 2013 von ISIS entführt und gilt bis heute als vermisst.

Als der Krieg in Aleppo wütet, wandern meine Gedanken zu Ali und seiner Familie. Meine Sorgen werden größer, als er auf meine E-Mails nicht antwortet. Ich versuche, alte

Freunde aus der Moschee zu kontaktieren, und erfahre, dass Alis Viertel schwer bombardiert wurde. Inmitten meines unbeschwerten Studentenlebens in Berlin fühle ich mich immer wieder hilflos und ohnmächtig; versuche mich mit der Tatsache abzufinden, dass ich vielleicht nie wieder von Ali hören würde.

* * *

An einem sonnigen Vormittag im April 2014 laufe ich mit meiner heutigen Frau durch die Gassen des Sultanahmet-Viertels von Istanbul. Bevor ich wieder in den Flieger nach Deutschland steige – das Leid einer Fernbeziehung –, wollen wir die letzten gemeinsamen Stunden noch einmal genießen. „Ich kenne ein gutes Café“, hat sie gesagt, aber nach einer Weile des Umherlaufens scheint es mir, als würden wir uns nur verirren. Ich werde ungeduldig und erinnere sie daran, dass uns die Zeit davonläuft.

Auf einmal fühle ich zwei Arme, die sich von hinten um mich legen. Meine Partnerin ist es nicht, sie läuft neben mir. Ich drehe mich um und traue meinen Augen nicht. Es ist Ali. Fassungslos und wie elektrisiert schauen wir uns an. Dann bemerke ich seine Frau Fatima und zwei Kinder neben ihr, einen Sohn und eine Tochter. Wir setzen uns. So viel ist passiert in den fünf Jahren, seitdem ich Syrien verlassen habe. Wir wissen kaum, wo wir das Gespräch beginnen sollen. Wie groß ist die Wahrscheinlichkeit, dass sich unsere Wege in dieser Sechzehn-Millionen-Metropole kreuzen?

Nun erfahre ich endlich, was in der Zwischenzeit passiert ist. Nach meiner Abreise begann Ali, als Fremdenführer in der Umayyaden-Moschee zu arbeiten. Wenige Monate später brach der Bürgerkrieg aus. Ali tauchte unter, denn junge Männer, die bislang nicht im Militär gedient hatten, wurden reihenweise an die Front geschickt. Gut zwei Jahre versteckte er sich im Haus seiner Eltern am Stadtrand, ohne Mobiltelefon und Internetanschluss. Das Gebiet war Rebellenterritorium, mehrmals klopften die Kämpfer der Freien Syrischen Armee an, um ihn als Übersetzer anzuheuern.

Im Sommer 2012 begann das syrische Regime, Fassbomben über dem Vorort abzuwerfen. Einmal traf es das Nachbarhaus, Alis Frau Fatima und die beiden Kinder befanden sich zuhause. Aufgeschreckt von der Explosion stürmte Fatima hinaus, die sieben Monate alte Tochter Bana auf dem Arm. In ihrer Panik stolperte Fatima, und Bana schlug auf dem Boden auf. Im Krankenhaus stellten die Ärzte bei der Kleinen eine lebensbedrohliche Gehirnblutung fest. Um Bana die eilige Hirnoperation zu ermöglichen, floh Fatima mit ihr in die Türkei. Bana überlebte, doch der Unfall führte zu einer bleibenden Epilepsie.

Ali folgte seiner Frau über die Grenze. Später fand er in Istanbul einen Job als Gelegenheitsarbeiter in einer Arzneimittelfabrik. Der Fabrikbesitzer besorgte ihm eine bescheidene Wohnung. Das schmale Gehalt genügte gerade, um die Familie nach Istanbul zu bringen. Anfangs war es ein Überlebenskampf, doch dann fand Ali eine Anstellung als Englischlehrer an einer Privatschule. In der Türkei wurde er mit seiner Familie wie Hunderttausende andere Flüchtlinge ohne ständiges Bleiberecht toleriert. In den letzten Jahren hat es jedoch immer mehr Fälle von Abschiebungen gegeben, während die gesellschaftlichen Ressentiments gegen Flüchtlinge zunehmen.

„Sollte ich nach Syrien zurückkehren, könnte mich das Regime verhaften", sagt Ali mir bei einem Abendessen im Ramadan 2019. Sein ältester Sohn Mohammed ist inzwischen zehn, ein aufgeweckter Junge, der schon fließend Englisch spricht. Bana benötigt weiterhin medizinische Versorgung. Beylasan, die jüngere Tochter, kam vor dreieinhalb Jahren in Istanbul auf die Welt.

Beim Essen lassen wir unsere Erinnerungen an die Tage in Aleppo aufleben. „Ich erinnere mich nicht mehr an viele Details aus Syrien", gesteht Ali. „Vieles ist wie verschwommen. Manchmal schimpft Fatima mit mir: ‚Wie kannst du nur vergessen? Es ist dein Zuhause.' Dann antworte ich ihr: ‚Meine Heimat ist der Ort, an dem ich glücklich und sicher lebe.'"

Auch Rumi war ein Flüchtling, ein Heimatloser; im wortwörtlichen wie auch im spirituellen Sinne. Früh muss er gelernt haben, mit Ungewissheit umzugehen und sein Leben Gott anzuvertrauen. Wenn unser Verstand nicht mehr planen kann, wenn die Illusion, unser Leben unter Kontrolle zu haben, zerfällt, beginnt die Suche des Menschen nach einer höheren Form der Gewissheit:

All deine Ungewissheit kommt von deinem Verlangen nach Gewissheit.
Verlange Ungewissheit, dann wird Gewissheit zu dir kommen.

Wie so oft in der Geschichte von Völkerwanderungen war die Valad-Familie eine Bereicherung für Anatolien – so sehr, dass Rumi heute zu den größten Namen der türkischen Geschichte gezählt wird. Anatoliens empfängliche Erde wiederum bot die perfekten Rahmenbedingungen für Rumis spirituelles Wachstum. Endgültige innere Gewissheit fand der junge Geistliche jedoch erst in der Begegnung mit seinem Freund und Mentor Schams-e Tabrizi, der eines Tages wie aus dem Nichts in sein Leben trat.

4. Ein Schüler der Liebe
Konya

Wie kann der Frühling den Fels begrünen? Werde zur Erde, sodass farbenfrohe Blumen aus dir hervorsprießen.

Konya, Dezember 2017

Die Temperatur liegt knapp über dem Gefrierpunkt. Ein Geruch von verbrannter Kohle liegt in der Luft. Im zugefrorenen Springbrunnen auf dem Vorplatz der Schams-Moschee steckt eine Taube den Kopf durch ein Eisloch und schüttelt Wasser aus ihrem Gefieder. Vor der Moschee wartet ein *tasbih*-Verkäufer an seinem Stand mit Gebetsketten auf Kundschaft. Am Eingang räumt der Moscheewärter, ein hagerer Mann mit Gebetskappe, die an der Türschwelle abgestellten Besucherschuhe ins Regal.

Zur alljährlichen Feier von Rumis Todestag am 17. Dezember wurde die Schams-Moschee renoviert. Die kunstvoll getäfelte Holzdecke verleiht dem Innenraum das Ambiente einer anatolischen Derwischloge. Pilger sitzen und knien betend oder meditierend mit geschlossenen Augen vor Schams' Sarkophag. Manche haben sich mit Gebetskettchen zwischen den Händen in ein stilles *dhikr* versenkt. Da ertönt der Ruf zum Mittagsgebet.

Der linke Teil der Moschee, in dem sich die Gebetsnische befindet, füllt sich mit Reihen von Betenden, während auf der rechten Seite Pilger aus aller Welt im Schneidersitz vor dem Sarkophag von Schams verharren. Ein weiß gekleideter Vorbeter, der einen kreisrunden Turban auf dem Kopf trägt, schreitet nach vorn. Ritualgebet und stille Meditation verschmelzen nun zu einer Einheit. Das Murmeln der Gebetsformeln erfüllt den Raum, es klingt wie ein leise rauschender Bach, der sich über den Teppich der Moschee ergießt. Einige der Betenden setzen sich am Ende noch kurz vor den Sarkophag, während andere direkt in ihren Alltag zurückkehren. Immer wieder beeindruckt mich die Hingabe, die es braucht, um tagtäglich pünktlich zu den fünf Gebetszeiten alles stehen und liegen zu lassen und sich Gott zuzuwenden.

Nun ist es äußerst zweifelhaft, ob sich Schams' Grab tatsächlich in Konya befindet. Weitere Ortschaften in der Türkei und in Iran, selbst im fernen Pakistan beanspruchen das Grab für sich. Doch auch wenn Schams' physische Überreste woanders sein mögen, ist es die konzentrierte Ausrichtung der Pilger, die seinen Geist hier lebendig macht.

Schams-e Tabrizi („die Sonne von Täbris") stammte, wie sein Beiname verrät, aus der Stadt Täbris. Schon als kleiner Junge war Schams empfänglich für das Metaphysische. Für ein Kind hatte er einen sonderbaren Charakter. In Schams' Aufzeichnungen, den *Maqālāt*, berichtet er von Erscheinungen und außergewöhnlichen Gemütszuständen, die seine Eltern nicht begreifen konnten. Einmal, so schreibt Schams, nahm Gott ihm als kleinem Jungen allen Appetit, sodass er sich einen ganzen Monat lang weigerte, etwas zu essen.

Als junger Mann frequentierte Schams einen Lehrer mit dem Spitznamen *pir-e sallebāf* oder „Korbflechter-Meister", über den nichts weiter bekannt ist. Später lebte Schams als *qalandar*, ein freigeistiger Wanderderwisch, der nirgends Wurzeln schlug. Historiker beschreiben Schams als impulsiven Quergeist, der bescheiden aß und kaum etwas sein Eigen nannte. Auf Reisen verhielt sich Schams unauffällig, kleidete sich wie ein Kaufmann, nächtigte in Karawansereien und gab seine wahre Identität niemandem preis.

Schams war der Überzeugung, dass ein Mensch sich wahrhaftig verhalten müsse, auch wenn das bedeutet, gesellschaftliche Konventionen zu brechen. Heuchelei war ihm mehr als alles andere zuwider. In den *Maqālāt* heißt es: „Wenn du zu den Menschen auch nur einen Augenblick ohne Heuchelei sprichst, grüßen sie dich nicht mehr wie ein Muslim." Oder: „Ich kann nicht wahrhaftig sprechen. Sobald ich beginne, wahrhaftig zu sprechen, werde ich rausgeschmissen."

Neben seiner Freigeistigkeit legte Schams hohen Wert auf die Befolgung religiöser Gebote. Seinen Unterhalt verdiente er als Koranlehrer. Er hatte sogar eine eigene Methode entwickelt, um Kindern das gesamte heilige Buch in drei Monaten beizubringen. Auch Schams konnte den Koran auswendig rezitieren, war also ein *hafiz*, und hatte wie Rumi islamisches Recht studiert. Schams war also nicht der bildungsfeindliche, rebellische Derwisch, als der er in manchen Quellen dargestellt wird.

Schams' Camouflage machte es den Leuten schwer, ihn in eine Schublade zu stecken. Er wusste sein Wissen zu verbergen, insbesondere vor den orthodoxen Gelehrten, die häufig für Heuchelei anfällig waren. Gleichwohl war Schams überzeugt, dass Buchgelehrsamkeit auf dem Pfad letztlich wenig taugt. Lieber sollte sich der Mensch einem fähigen spirituellen Führer anschließen und mit dessen Hilfe seinen inneren Wissensdurst stillen.

Schams traf auf seinen Reisen mit den bekannten Mystikern und Philosophen seiner Zeit zusammen. Es wird spekuliert, dass er in Damaskus den großen arabischen Gnostiker Muhyiddin Ibn Arabi aufsuchte. Da Schams jedoch keinen *sheikh* fand, der all seine Erwartungen an einen perfekten Lehrer erfüllte, beschritt er den Weg des einsamen Mystikers. Nichtsdestotrotz war er auf der Suche nach einem spirituellen Weggefährten, dem er sein Wissen übertragen konnte.

Am 29. November 1244 traf Schams in Konya ein. Er war damals über sechzig, Rumi hingegen 37 Jahre alt. Wie so oft kursieren verschiedene Versionen von der ersten Begegnung; ich werde mich hier an Aflaki halten, den bekanntesten Chronologen aus Rumis Umfeld. Zuvor sollte erwähnt werden, dass Schams Rumi schon einmal gesehen hatte, als dieser noch Student in Syrien war. Bereits damals erkannte Schams die außergewöhnliche Begabung des jungen Mannes. Rumi besaß allerdings noch nicht die nötige spirituelle Reife, um sich auf Schams' Lehre einzulassen.

In den *Maqālāt* berichtet Schams von einem Traum, in dem ihm gezeigt wurde, dass er eines Tages zum Gefährten eines Heiligen werden sollte. „Als ich ihn endlich nach einer langen Zeit sah, wurde mir gesagt ‚Es ist noch nicht an der Zeit.'" Sechzehn Jahre habe er warten müssen, um Rumi endlich in Anatolien aufzusuchen.

Nach Aflakis Erzählung mietete sich Schams, als er in Konya eintraf, ein Zimmer in der Herberge der Zuckerhändler. Eines Tages kam Rumi an der Herberge vorbei, als Schams gerade auf die Straße trat. Bevor sie ins Gespräch kamen, schauten sich die beiden Männer einen langen Moment in die Augen. Dann stellte Schams Rumi eine Frage, in der es um eine Anekdote aus dem Leben des großen persischen Mystikers Bayazid Bastami ging. Dieser hatte einst in einem Moment der mystischen Vereinigung „Ehre sei mir!“ ausgerufen. Viele Muslime sahen darin einen skandalösen Akt der Blasphemie.

„Warum hatte sich Bayazid nicht an Gott gewendet und ‚Ehre sei Dir‘ und ‚Wir beten Dich an‘ gesagt?“, fragte Schams. Er wollte von Rumi wissen, wer größer sei, Bayazid in seiner ekstatischen Selbsterhöhung oder der Prophet Mohammed, der sich als Diener Gottes betrachtet hatte. Als Rumi diese Frage hörte, blieb für ihn die Zeit stehen. Er trat in einen spontanen Zustand der mystischen Verzückung (*hāl*) ein, wobei ihm metaphysisches Wissen zuteilwurde. Nach einer Weile entgegnete Rumi, dass Mohammed der Größere sei und Gott viel näher gekommen sei als Bayazid, denn Letzterer habe sich mit seiner eigenen begrenzten Erfahrung zufriedengegeben.

Schams war mit Rumis Antwort zufrieden. Er wusste, dass dieser Junggelehrte der erste Mensch war, der sich ganz auf sein unkonventionelles Wesen einlassen konnte. Eine zweite Geschichte, die von Rumi und Schams erzählt wird, hat legendäre Berühmtheit: Eines Tages saß Rumi an einem Wasserbecken über seinen Büchern, als Schams auftauchte und ihn fragte, was das für Bücher seien. Rumi entgegnete, es handele sich um Bücher mit religiösen Debatten und fügte hinzu, das brauche ihn nicht zu kümmern. Auf einmal ergriff Schams die Bücher und warf sie ins Wasser. Rumi war bestürzt. Seine kostbaren Bände! Da streckte der alte Derwisch seine Hand ins Wasser und holte die Bücher wieder hervor – unbeschädigt. Dem völlig verdutzten Rumi entgegnete er: „Dies ist spirituelle Neigung und Verzückung. Aber was weißt du schon davon?"

Die Anekdote mag erfunden sein oder nicht, doch sie steht symbolisch dafür, wie radikal Schams Rumis Leben umkrempelte. Manchmal monierte Schams, dass Rumis umfassendes Wissen ihm im Weg stand. Schams verlangte von ihm nicht weniger, als seine über Jahre angesammelte Gelehrsamkeit zurückzulassen. Denn intellektuelles Wissen hatte Rumi so eingenommen, dass das Selbst-Wissen davon überschattet wurde. Schams lehrt in den *Maqālāt*: „Dein Hauptanliegen sollte es sein, zu wissen ‚Wer bin ich, was ist mein Wesen? Und zu welchem Zweck bin ich hierhergekommen und wohin gehe ich? Was sind meine Wurzeln? Was tue ich gerade in dieser Stunde und wo liegt mein Fokus?'"

Hatte Rumi zuvor noch alle Zeit seiner Lehrtätigkeit gewidmet, so verbrachte er nun lange Stunden in der Gegenwart von Schams. Mit seiner Lebenserfahrung und Weltsicht, die anders war als alles, was Rumi bisher auf dem Sufi-Pfad gelernt hatte, löste Schams einen existenziellen Wandel in dem jungen Mystiker aus. Bald war Rumi bereit, alles für Schams aufzugeben; seinen Ruf und seinen Status, selbst die Zeit mit seinen eigenen Schülern.

Das Verhältnis zwischen Schams und Rumi war, anders, als es manchmal dargestellt wird, keine typische Meister-Schüler-Beziehung. Es darf nicht vergessen werden, dass Rumi bereits vor seiner Begegnung mit Schams ein gestandener Mystiker war. Für Schams wiederum war Rumi nicht nur Schüler, sondern auch Lehrer, das fehlende Puzzlestück in seinem Leben, der perfekte Spiegel seiner Seele, das leere Gefäß, in welches er sein Wissen gießen konnte. Rumis Bereitschaft, alles aufzugeben, beeindruckte Schams, genauso wie seine außergewöhnliche Gabe, tief zuzuhören. „Ich war Wasser, das in sich selbst sprudelte, sich in sich selbst drehte und zu stinken begann. Dann schlug Mawlanas [Rumis] Existenz gegen mich und das Wasser begann zu fließen", lesen wir in den *Maqālāt*.

In Momenten der Ekstase begann Rumi, sich im Kreis zu drehen. *Samā'*, das meditative Drehritual, avancierte zu einer Praxis, aus der er Kraft und Inspiration schöpfte. Gleichzeitig ist das *samā'* eine Metapher der Verwandlung Rumis vom asketischen Gelehrten in einen verzückten Mystiker. Viele von Rumis Schülern waren von diesen Entwicklungen alles andere als angetan. Manche seiner Anhänger kochten regelrecht vor Wut und sendeten Drohgebärden an Schams, dessen Angewohnheit, zu sagen, was er dachte, sie nur noch mehr provozierte – schließlich hatte man sich in Sufi-Kreisen an eine ausgeklügelte Höflichkeitsetikette zu halten.

Nach zwei Jahren des Zusammenseins verschwand Schams auf einmal aus Konya, vermutlich, um den Anfeindungen eifersüchtiger Schüler zu entgehen. Vielleicht wollte er Rumi auch auf den Geschmack der Trennung bringen, denn Trennung vom mystischen Geliebten ist auf dem Sufi-Pfad eine läuternde Erfahrung, die der Reifung des Aspiranten dient.

Rumis Welt brach von einem Tag auf den anderen zusammen. Die Abwesenheit von Schams erschütterte ihn so tief, dass er sich vollständig aus dem öffentlichen Leben zurückzog. Als sie ihren Meister derart verzweifelt sahen, zeigten einige Schüler Reue und baten Rumi um Verzeihung. Man könnte fragen, warum sich Rumis Schüler, die schließlich eine spirituelle Schulung durchliefen, zu solcher Eifersucht hinreißen ließen.

Diese Anekdote gibt eine Antwort: Eines Tages empörte sich der Seldschuken-Wesir, dass Rumis Schüler so schlechte Menschen seien. Rumi hörte von dieser Kritik und schrieb dem Wesir einen Brief. Hätten seine Anhänger bereits einen guten Charakter, entgegnete er, so würde er zu ihrem Schüler werden. Aufgenommen habe er sie genau deshalb, um ihnen zur inneren Transformation zu verhelfen.

Nach einer Weile entsandte Rumi seinen Sohn Sultan Valad nach Damaskus, um Schams aufzuspüren. Sultan Valad fand Schams und bewegte ihn, nach Konya zurückzukehren. Nun war Rumi abermals mit seinem Freund und Meister vereint, zumindest für ein paar Monate. Die Beziehung der beiden vertiefte sich ein weiteres Mal – der Trennungsschmerz hatte wie ein Schnellkochtopf gewirkt, in dem Rumis Ego weichgekocht wurde.

Während seines zweiten Aufenthalts in Konya heiratete Schams Kimia Chatun, eine junge Dame, die in Rumis Haushalt aufgewachsen war. Kimia Chatun verstarb allerdings nur kurze Zeit später. Außerdem gab es Auseinandersetzungen zwischen Schams und Rumis jüngerem Sohn Alauddin, der Schams' Einzug in den Haushalt der Valads ablehnte.

Gegen Ende 1247 verschwand Schams ein für alle Mal. Verzweifelt schickte Rumi seinen Sohn erneut auf die Suche. Diesmal reiste er sogar selbst nach Damaskus mit, um nach Schams Ausschau zu halten. Ohne Erfolg. Je mehr Zeit verging, desto mehr schwand Rumis Hoffnung, seinen geliebten Schams je wieder zu sehen.

Oft hört man Spekulationen, dass eine Gruppe von Rumis Schülern Schams ermordet habe. Doch diese Theorie scheint bei genauerer Betrachtung nicht haltbar. Wie konnte Rumi jahrelang nicht von einem solchen Mord erfahren haben?

Realistischer ist, dass Schams sein Wanderleben fortsetzte und wenige Jahre später auf dem Weg nach Täbris verstarb. Seine letzte Ruhestätte liegt mit großer Wahrscheinlichkeit in Choy, einer iranischen Kleinstadt rund 150 Kilometer nordwestlich von Täbris.

Der finale Abschied von Schams war entscheidend in Rumis Entwicklung. Wurde er zu Beginn noch verzehrt von Trennungsschmerz, so erfuhr Rumi mit der Zeit eine Form der Katharsis, überwand den Verlust seines Freundes, integrierte dessen Lehre und begriff, dass Schams in Wirklichkeit nie von ihm getrennt war. Rumi lebte fortan in einem Zustand der vollkommenen Einheit mit allem, was ist. Er war nun ein *insān-i kāmil,* ein „perfekter Mensch", der sein volles Potenzial entfaltet hatte.

Als Schams verschwand, war Rumi vierzig. Im Sufismus, wie in anderen mystischen Traditionen auch, ist dies das Alter spiritueller Reife. Innerhalb von drei Jahren hatte sich Rumis Weltbild verändert – von einer frommen, theoretischen Mystik hin zu einer erfahrungsbetonten und ekstatischen Liebesbeziehung mit dem Göttlichen. Schams hatte das Element grenzenloser Freude in Rumis Leben gebracht.

In Liebestrance begann er, sich drehend, Ghaselen für Schams zu dichten. Während dieser bewegten Meditation strömten die Gedichte regelrecht von Rumis Lippen, sodass seine Schüler beim Mitschreiben kaum hinterherkamen. In den 40 000 Versen des Diwan-e Schams, die so entstanden, dient Schams' Name als Metapher für den wahren Geliebten, als Verkörperung des Göttlichen schlechthin. In einem Vers nennt Rumi Schams die Stimme, mit der er dichtet. Schams ist die Sonne und Rumi der Mond, der das göttliche Licht reflektiert.

Zweifellos war Rumi bereits vor seiner Freundschaft zu Schams mit Poesie vertraut, wirkte jedoch selbst nicht als Dichter. Schließlich galt Dichtung in islamischen Gelehrtenkreisen als verpönter Zeitvertreib. Diese Haltung wurzelt im Koran, der die Poeten der vorislamischen Periode – der *dschahiliyya* oder „Zeit der Unwissenheit" – als unmoralisch rügt, schließlich verherrlichten sie weltliche Freuden wie Frauen, Jagd und Pferde.

Mithilfe von Schams wurde in Rumi eine gewaltige kreative Kraft entfesselt. Doch Rumi stand vor einem Dilemma: Er wusste, dass sich sein mystisches Erfahren nicht in Worte fassen ließ. Manchmal verzweifelte er deshalb am engen Korsett von Reim und Versmaß, klagte mitunter darüber, dass er überhaupt dichten musste, um sich auszudrücken.

Doch gleichzeitig ist Poesie die Sprachform, die Rumis Erfahrung am nächsten kam. Schließlich ist Dichtung von Natur aus ambivalent und mehrdeutig, besitzt nie die Endgültigkeit der prosaischen Rede. Oft beendete Rumi seine Gedichte mit der Aufforderung, still zu werden (*chāmusch*) und die Wahrheit nicht in den Versen, sondern in der Stille selbst zu erfahren.

Anders als etwa für Hafis war Dichtung für Rumi daher kein Endzweck, sondern ein Mittel zum Zweck. Dichtung wurde zum Medium, über das er seine Lehren an andere weitergeben konnte. Er wusste, dass Gott ihn nach Konya geführt hatte, um den Menschen das innere Wissen zu vermitteln. Im *Fihi Mā Fih* sagt Rumi, dass das Land Rum, in dem sich Konya befand, von Gott reich beschenkt worden war, die Menschen jedoch keinerlei Ahnung von spiritueller Liebe und innerer Erfahrung hätten.

Rumi war sich bewusst, welch enorme Rolle seine Poesie für die Nachwelt spielen sollte. An einer Stelle im dritten Masnawi-Buch heißt es:

Komm, sprich! Denn der Logos gräbt einen Kanal, damit etwas Wasser die Generation nach uns erreichen kann.

* * *

Ein Hauch von Nebel liegt über Konya, als ich am Morgen vor Rumis Todestag auf die Straße trete. Mein Atem formt Wolken in der kalten Luft. Am Horizont sind die schneebedeckten Gipfel des Taurus-Gebirges zu erkennen. Ein Mann fegt mit einem Reisigbesen Blätter vom Bürgersteig. Die Geschäfte sind noch geschlossen, bis auf einen Juwelier, der in seiner Ladentür steht und auf die Straße blickt. Atmosphärische *ney*-Musik tönt aus dem Inneren seiner Bijouterie. Vor einem Restaurant liegt ein Haufen Brennholz, das im Laufe des Tages zum Backen von Fladenbrot mit Hackfleisch, Konyas kulinarischer Spezialität, verfeuert wird.

„Zeit für Treue" steht auf einem Banner an der Mauer vor Rumis Mausoleum. Diesen Slogan hat sich Konyas Stadtverwaltung für die Feierlichkeiten zu Rumis 746. Todesnacht ausgedacht, der *scheb-i arus* oder „Hochzeitsnacht". Hinter diesem Begriff steht der Gedanke, dass Rumi nach dem Zurücklassen des Körpers eine mystische Heirat mit seinem Schöpfer einging – der Tod nicht als Ende, sondern als Fest der Vereinigung mit dem Göttlichen.

Eine Viertelstunde vor Öffnung hat sich am Tor des Grabmals bereits eine Menschenmenge gebildet. Die Luft ist erfüllt vom Plaudern älterer Frauen, die ungeduldig auf Einlass warten. Dazu gesellt sich eine Gruppe von türkischen Derwischen mit grünen Käppchen auf dem Kopf, die sich um einen bärtigen *sheikh* in einer Pluderhose scharen. Hinter ihnen in der Schlange reihen sich chinesische Touristen ein, umschwärmt von einer fliegenden Händlerin, die Schlüsselanhänger verkaufen will. „Drei für fünf Lira!", ruft sie immer wieder und lässt die metallenen Derwischfiguren von ihren Fingern baumeln.

Aus der Ferne betrachtet wirkt Rumis Grabmal wie ein osmanischer Moscheekomplex, gekrönt von einem eleganten, spitz zulaufenden türkisfarbenen Dom, der rundherum verziert ist mit Koranversen. Rumis Mausoleum heißt seit den 1920ern „Mevlana-Museum". Mehr als 600 Jahre lang befand sich hier der spirituelle Sitz der Mevlevis, doch als Atatürk 1925 die Sufi-Orden in der Türkei schließen ließ – er sah die Bruderschaften und ihren Einfluss in der Gesellschaft als Modernisierungshindernis – wurde der Schreinkomplex säkularisiert und dem türkischen Staat unterstellt. In den Derwischkammern, die jahrhundertelang von Adepten bewohnt waren, welche hier unter dem spirituellen Schirm von Rumi in Schulung gingen, stehen heute Schaukästen und Infotafeln.

„Dies ist die Kaaba der Liebenden. Wer als Unvollendeter hierherkommt, verlässt diesen Ort vollendet." Möge es so sein, denke ich und trete ein weiteres Mal unter dem auf einer rundlichen Tafel kalligrafierten Vers durch jenes Portal, das vor mir so viele Pilger bereits durchschritten haben. Ich ziehe vorbei an Reihen von Gräbern – sie gehören Rumis Familienmitgliedern, seinen engsten Anhängern und den Ordensnachfolgern –, direkt auf den gewaltigen Sarkophag des Großmeisters zu, der mit goldbesticktem Brokat und einem grünen Turban bestückt ist.

Der Sarkophag ist rein symbolisch, denn die Überreste befinden sich, wie auch bei allen anderen Gräbern, in einer unterirdischen Krypta. Rumis Ruhestätte ist umgeben von drei bunt verputzten Wänden, bemalt mit goldfarbenen Koransuren, filigranen geometrischen Mustern und der Abbildung eines Paradiesgartens. Dekorative Öllampen runden die Ästhetik des Ortes ab.

Ich knie mich gegenüber dem Sarkophag hin, um, wie man auf Persisch sagt, „einen *fāl* zu nehmen". Dabei öffnet der Suchende, der eine Frage, einen Wunsch oder einfach nur die Bitte nach Führung im Herzen trägt, einen Gedichtband. Das erste Gedicht, auf welches der Blick fällt – das *fāl* –, enthält die Botschaft. Häufig ist diese so passend, dass es wirkt, als würde der Dichter unmittelbar zu einem sprechen.

In Iran schlug ich einmal an drei aufeinander folgenden Tagen dasselbe Gedicht auf. Erstaunt untersuchte ich meine Ausgabe des Diwan-e Schams auf Eselsohren, Knicke oder versteckte Lesezeichen, konnte jedoch nichts finden. Das Gedicht schien sich mir geradezu aufdrängen zu wollen.

Da ich keine physische Ausgabe des Diwan bei mir trage, öffne ich die „Molānā"-App in meinem Smartphone. Was Rumi wohl zu diesem *fāl* 2.0 sagen würde? Ich tippe mit meinem Zeigefinger auf den virtuellen Diwan, lasse mir die Liste der Gedichte anzeigen, fahre mit geschlossenen Augen ein paar Mal über den Bildschirm und tippe eines an. Das Gedicht, das dabei herauskommt, beginnt mit einem Gebet, das meine innere Verfassung in diesem Moment treffend ausdrückt:

O (göttliche) Seele, nimm meine Suche an.
Ich bin Diener und Schüler der Liebe, nimm mich an die Hand!

Inzwischen hat sich das Innere des Grabmals mit Besuchern gefüllt. Die älteren Damen, die vorher am Eingang warteten, stehen leise murmelnd vor dem Sarkophag, die Hände vor ihren Brüsten zum Gebet geöffnet. Viele der türkischen Besucher stammen aus den Dörfern der weitläufigen Provinz Konya, ein Gebiet fast so groß wie die Schweiz. Auch wenn die Dorfpilger nie eines von Rumis Gedichten gelesen haben, ist er für sie ein *evliya*, ein Heiliger und Wundertäter, dem sie ihren Alltagskummer und Anliegen aller Art überbringen – seien es ein Genesungsgebet, Geldnöte oder ein unerfüllter Kinderwunsch.

Eine Frau im *çarşaf*, dem schwarzen Ganzkörpertuch, filmt und schaut sich Rumis Grab durch den Bildschirm ihres Handys an. Neben einer alten Dame, die aus einem Gebetsheftchen Koransuren rezitiert, meditiert eine Gruppe türkischer Hippies zu den Klängen der *ney*, die aus Lautsprechern verströmen.

Die Schüler mit ihrem bärtigen *sheikh* scharen sich um einen Schaukasten in der Mitte des Grabmals. Darin ist ein Barthaar des Propheten ausgestellt – Reliquienverehrung ist im Volksislam ähnlich verbreitet wie im Katholizismus. Zwei japanische Touristen schauen der Gruppe erstaunt zu und fotografieren dann mit einem Selfiestick goldverzierte Koranausgaben in den Museumsvitrinen.

Entrückt in einem Zustand der inneren Ruhe beobachte ich das Treiben, ohne zu bewerten, was ich wahrnehme. Wie sagt Rumi doch zu Beginn des Masnawi:

Jeder glaubte mein Freund zu sein, doch keiner suchte mein Geheimnis in meinem Inneren.

Der quadratische Raum gegenüber von Rumis Sarkophag diente einst als *semahane*, zeremonielle Halle, in welcher die Drehrituale der Mevlevi-Derwische stattfanden. In Deckennähe hängen Kalligrafien mit Rumi-Versen und geflügelten Worten der Sufis. In einem der Schaukästen befindet sich das älteste erhaltene Masnawi, eine Ausgabe aus dem Jahr 1278 – nur fünf Jahre nach Rumis Tod. Seit dem 13. Jahrhundert wurde das Werk immer wieder von Hand abgeschrieben, sodass verteilt über die islamische Welt unzählige Manuskripte entstanden.

Im hinteren Teil des Raumes, dort wo bei Mevlevi-Zeremonien die Musiker saßen, hat sich eine iranische Kolonie gebildet: Etwa dreißig junge Iraner sitzen über den Teppich verteilt. Manche meditieren im Schneidersitz, die Hände auf den Knien abgelegt und nach oben geöffnet, als warteten sie darauf, etwas zu empfangen. Andere haben Gedichtbände auf dem Schoß liegen. Eine Frau singt einen Rumi-Vers in den Raum. Sie besitzt eine feine Stimme mit typisch persisch-melancholischem Timbre. Mokhtar, ein schnurrbärtiger Herr aus Täbris, verteilt Kalligrafien mit Rumi-Gedichten als Geschenk an die Pilger. Als ich ihn frage, was ihn dazu bewegt, blickt er mich vielsagend an: „Seit vierzehn Jahren komme ich nach Konya und verteile Gedichte. Wenn mehr Menschen in der Welt Rumi lesen, wird es keine Kriege mehr geben."

* * *

Eines Tages, so wird erzählt, lief Rumi durch den Basar und kam an der Werkstatt des Schmieds Salahuddin Zarkub vorbei, der gerade ein Stück Gold bearbeitete. Als Rumi die rhythmischen Schläge von Salahuddins Hammer hörte, fiel er in Ekstase und begann sich zu drehen. Damit Rumi seinen Tanz fortführen konnte, schlug Salahuddin im gleichen Rhythmus weiter, auch wenn er damit sein Goldstück verschandelte.

Der Goldschmied Salahuddin wurde zu einem von Rumis engsten Anhängern, fungierte eine Zeit lang als sein Stellvertreter, empfing Schüler und half bei administrativen Angelegenheiten. Rumi schätzte Salahuddin – einen einfachen türkischen Handwerker, der mitunter für seine fehlerhafte Aussprache persischer Wörter ausgelacht wurde – so sehr, dass er ihm die spirituelle Erziehung seines Sohnes anvertraute. Letztlich wurde Salahuddin sogar zum Familienmitglied, als Rumi Sultan Valad mit Salahuddins Tochter Fatemeh Chatun verheiratete.

Nach Salahuddins Tod übernahm Hosamuddin Chalabi, ein besonders ergebener Schüler, die Rolle von Rumis Stellvertreter. Hosamuddin, ein Kurde aus der Region Urmia im Westen Irans, war wie sein Vater vor ihm Anführer einer Gruppe von *ahis*, einer handwerklich-mystischen Bruderschaft. Bei den *ahis*, deren Netzwerk sich über weite Teile Anatoliens erstreckte, wurden Moral, tugendhaftes Verhalten und spirituelle Charakterschulung großgeschrieben.

Hosamuddin diente Rumi in den letzten fünfzehn Jahren seines Lebens. Er hielt seinem Meister damit den Rücken frei, sodass dieser sich ganz der Vollendung seines spirituellen Werks widmen konnte. Rumi hegte großen Respekt und Zuneigung für Hosamuddin und nannte ihn in manchen Gedichten das „Licht der Wahrheit".

Einmal äußerte Hosamuddin Rumi gegenüber Unmut, dass seine Schüler die Werke von Sanai und Attar – Rumis geistigen Vorgängern – studieren mussten, wo doch deren Lehren nicht annähernd an die Größe von Rumis Lehre heranreichten. Also schlug er Rumi vor, ein eigenes Lehrwerk zu verfassen. Sofort kramte Rumi ein Stück Papier aus seinem Turban, auf dem bereits die ersten achtzehn Doppelverse des Masnawi standen – die einzigen, die Rumi eigenhändig aufschrieb. Deshalb gilt die Zahl achtzehn den Mevlevis als heilig.

Die Arbeit am Masnawi begann um das Jahr 1260 und dauerte dreizehn Jahre an, bis kurz vor Rumis Tod. Während Rumi dichtete, kniete Hosamuddin vor ihm auf dem Boden und schrieb ergeben jedes Wort mit, das sich von den Lippen des Meisters löste. Zum Ende jeder Sitzung las Hosamuddin das Aufgeschriebene vor, damit Rumi die entstandenen Verse absegnen konnte.

Hosamuddin war ein begnadeter Zuhörer und konnte durch sein beständiges Nachfragen immer mehr aus Rumi herausholen. War sein Vertrauter einmal nicht anwesend, blieb Rumi still. Ohne Hosamuddins Hingabe gäbe es das Masnawi also nicht. So verwundert es nicht, dass Rumi seinem Masnawi den Beinamen „Buch Hosamuddins“ gab.

Einige dieser Diktiersitzungen dauerten bis in die frühen Morgenstunden, wobei sich die Energie manchmal so sehr verdichtete, dass Hosamuddin ohnmächtig wurde. An einer Stelle im Masnawi entschuldigt sich Rumi bei Hosamuddin, dass es so spät geworden sei und dieser wieder einmal nicht habe schlafen können.

Das Masnawi unterliegt keiner vorgefertigten Struktur, sondern folgt einem frei fließenden Erzählfluss. Oftmals beginnt Rumi eine Geschichte, verharrt dann auf einem metaphysischen Punkt, kommt schließlich von dort auf eine andere Geschichte zu sprechen, um erst Seiten später wieder zur ursprünglichen Geschichte zurückzukehren. Sein Hauptanliegen ist es nicht, die Menschen durch Argumentation zu überzeugen – obschon Rumi an vielen Stellen mit der Schärfe eines gestandenen Philosophen raisonniert –, sondern vor allem, ihre Herzen zu öffnen, sie mit den Gedichtversen zu Liebenden zu machen.

Der Legende nach wurde Konya in der Woche vor Rumis Tod von schweren Erdbeben heimgesucht. Nach dem siebten Erdbeben rannten die Leute zu ihrem Meister und baten ihn um Gebete, damit die Beben aufhörten. Darauf entgegnete er: „Habt keine Sorge, die Erde ist hungrig und wird bald einen fetten Bissen bekommen."

Rumi soll noch auf dem Sterbebett gedichtet haben. Seine Seele verließ am Sonntag, den 17. Dezember 1273 zu Sonnenuntergang den Körper. Am nächsten Tag wurde sein Leichnam aufgebahrt und in einem Trauerzug durch Konya getragen. Menschen aus allen Schichten und Religionsgemeinschaften der Stadt nahmen am Begräbnis teil. Während muslimische Geistliche den Begräbnisritus vollzogen, lasen Priester aus den Psalmen und Rabbis aus der Tora vor. Als der Sultan dies sah, ließ er die Führer der Christen und Juden zu sich rufen. Gefragt, warum diese auf der Trauerfeier eines muslimischen Geistlichen erschienen waren, antworteten die Christen: „Er war für uns wie Jesus", während die Juden entgegneten: „Er war unser Moses."

Diese Anekdote ist symbolisch für die Weite und Inklusivität von Rumis Wesen – tief im Islam verwurzelt, aber in seiner Spiritualität jenseits aller konfessionellen und ethnischen Grenzen. Wie kaum ein anderer in der Geschichte der islamischen Mystik verkörperte Rumi *tauhid*, das Prinzip der

Einheit. Der Tod glich für ihn einer Befreiung, denn er war bereits zu Lebzeiten „gestorben“:

> *O du, der du Aufrichtigkeit besitzt; wenn du willst, dass dir (die Wahrheit) enthüllt wird, wähle den Tod und reiße den Schleier ab –*
> *Nicht einen solchen Tod, dass du ins Grab gehen wirst, sondern einen Tod der Transformation, sodass du ins Licht gehen wirst.*

* * *

Auf dem Vorplatz des Mevlana-Museums in Konya gibt es kaum etwas, das nicht Rumis Namen trägt: Wer Hunger bekommt, kann beim „Mevlana Kebap“ einkehren und gegrilltes Fleisch à la Carte bestellen. Wer einen Schlafplatz benötigt, der hat die Wahl zwischen „Rumi-Hotel“, „Schams-Hotel“, „Masnawi-Hotel“ oder „Derwisch-Hotel“. Dazwischen versorgen Souvenirläden Touristen mit Rumi-Ramsch – Magneten mit geflügelten Worten, Teelöffel mit drehenden Derwischen an den Griffen, *ney*-Flöten aus Plastik oder „Mevlana-Zucker“, ein süßer Plombenzieher. Beliebt zu sein scheinen auch billige Minifiguren von Rumi, dargestellt im dunkelgrünen Mantel und mit einem großen Turban auf dem Kopf. Bei manchen der Figuren ist bereits ein Stück Nase abgebrochen oder haben sich die Konturen des Bartes verwischt. Jetzt verstehe ich, was Haj Naser, der Masnawi-Lehrer aus Torbat-e Dscham, über Rumi gesagt hatte:

„Alles hat er in Gold verwandelt. Selbst sein Leichnam ist noch kostbar. Der gesamte Basar in Konya dreht sich um

Rumi. In der ganzen Welt verdienen Lehrer und Professoren Geld damit, Studenten Rumis Lehren beizubringen. Und was ist mit all den Autoren, Verlagen, Druckhäusern und Buchhändlern, die mit Rumi-Werken ihr Geld machen? Jeder verdient sein Brot an der Tatsache, dass Rumi existiert hat."

Am Folgetag finde ich mich gegen Mittag im Mausoleum ein, um an der Zeremonie zu Rumis Todesstunde teilzunehmen. Ich sichere mir einen Platz in der Ecke des *semahane*. Das Gedränge wird bald immer dichter. Jeder Quadratmeter Boden füllt sich mit Wartenden, Betenden, Meditierenden und Gedichtlesenden. In einer Ecke hält ein *sheikh* aus Europa vor einer Handvoll Schüler einen Vortrag. Grüppchen von Türken, Iranern, Arabern und Westlern plaudern untereinander. Ein Wächter geht umher und steckt dicke Kerzen in den Gläsern über unseren Köpfen an. Manchen Pilgern drückt er das Feuerzeug in die Hand, sodass diese selbst eines der Lichter entzünden können. Nicht jedem wird diese Ehre zuteil, wodurch ein leichtes Gerangel entsteht.

Neben mir sitzt eine Iranerin mit langem seidigen Haar, die wie ich das bunte Treiben beobachtet. Wir kommen ins Gespräch. Nach dem üblichen Überraschungseffekt, den mein Farsi hervorruft, finde ich heraus, dass Elham eine angehende Psychologin aus der nordiranischen Provinz Mazandaran ist. Sie erzählt mir, dass sie sich seit einiger Zeit mit dem Sufismus beschäftigt, vor allem mit Rumi.

„Weißt du, Psychologie ist eine Wissenschaft, und Wissenschaft verändert sich", sagt sie. „Der Sufismus jedoch hat seine Wurzeln in unserem Inneren. Deshalb veraltet er nie. Nun ja, und die Komplexität des Menschen ist auch etwas, das nie an Aktualität verliert."

Das Masnawi helfe ihr dabei, den Menschen besser zu verstehen. Was sie von Rumi über den Menschen gelernt hat, möchte Elham in ihrem Beruf anwenden. Doch dies sei eine große Aufgabe und sie habe ja gerade erst angefangen.

„Gott gibt niemandem eine Aufgabe, die er nicht bewerkstelligen kann", werfe ich ein.

„Danke", entgegnet Elham. „Auf dem Weg der Selbsterforschung haben sich viele der Fragen in meinem Kopf aufgelöst. Aber Theorie ist bekanntlich eine Sache, es in die Praxis umzusetzen eine andere. Erst im Umgang mit anderen Menschen und in schwierigen Lebenssituationen zeigt sich wirklich, wie sehr wir an uns gearbeitet haben."

„Besonders in den iranischen Städten ist das Leben in letzter Zeit sehr hart geworden", fährt sie fort. „Den Leuten geht es schlecht. Der Dollar wird ständig teurer, die Benzinpreise sind gestiegen, die Scheidungsraten ebenfalls. All dies hat dazu geführt, dass mehr Menschen sich dem Sufismus zuwenden. Ich komme aus einer extrem religiösen Familie. Als ich älter wurde, habe ich mich für einen anderen Weg entschieden."

In diesem Moment setzt sich eine türkische Dame mit einem karierten Kopftuch zu uns. Ich rücke ein Stück zur Seite, um Platz für sie zu schaffen. Die ältere Frau, ihr Name ist Hacar, streckt ihre Beine von sich und beginnt, aus einem Gebetsbüchlein Koransuren zu lesen. Nach einer Weile fängt sie an, mit Gott zu sprechen. Als Hacar ihr Gebet beendet hat, sage ich *„Allah kabul etsin"*, eine geläufige religiöse Floskel in der Türkei, die so viel bedeutet wie: „Möge Gott deine Gebete akzeptieren."

„Bist du Muslim?", fragt sie.

„Alhamdulillah", entgegne ich ihr – meine übliche Antwort auf diese Frage. Die Interpretation überlasse ich meinem Gegenüber, denn das Wort Muslim bedeutet für mich weniger die Zugehörigkeit zu einer bestimmten Religion, als dass es ein spirituelles Ideal ist. *Muslim* stammt von *taslim* (Hingabe) ab und beschreibt jemanden, der sich dem Göttlichen gegenüber hingegeben hat oder zumindest danach strebt. Der Begriff Konversion hat mir sowieso nie gefallen, schließlich impliziert er die Umwandlung von etwas Altem in etwas Neues. Dabei sehe ich mein Leben als ein Kontinuum auf der Suche nach Sinn in Gott.

„Was liest sie?", fragt Elham und blickt auf das Buch auf Hacars Schoß.

„Den Koran", antworte ich.

Elham verstummt. Hacar, die 65 Jahre alt und verwitwet ist, besucht jede Woche nach dem Freitagsgebet Rumis Grab. Bereits zum zehnten Mal nimmt sie an der Gebetszeremonie am 17. Dezember teil.

„Ich gehöre zu den Liebhabern von Mevlana", sagt Hacar. „Für mich ist es das Schönste in der Welt, hierherzukommen. Frieden. Glücklich sein. Die Sorgen eines anderen teilen. Das sind die guten Dinge im Leben."

„Mevlana öffnet die Herzen der Menschen. Jahrhunderte sind vergangen, und immer noch kommen sie wegen dieser Liebe aus allen Ecken der Welt", erklärt sie. „Alle beten, ob für Heilung oder für ihre Arbeit. Mit Kopftuch oder ohne. Mevlana ruft sie alle. Er beurteilt niemanden. Möge Allah den Arbeitslosen Arbeit und den Ehelosen Ehe schenken."

Dann betont sie noch, dass ihr Gebet an Gott gerichtet sei. Mevlana sei lediglich eine Art Referenz bei Gott. Sie lacht. Ihre Freude ist ansteckend. Dann beginnt Hacar einen Videoanruf mit ihrer Tochter, die in der Osttürkei an einer Universität unterrichtet. Sie streckt das Smartphone von sich und spricht so laut, dass es alle im Umkreis hören können. Hacars Sohn, der daneben sitzt, erklärt mit einem entschuldigenden Blick: „Meine Mutter redet gerne."

Derweil spielt Elham ein vertontes Rumi-Gedicht auf ihrem Handy ab, interpretiert durch die Stimme des iranischen Barden Shahram Nazeri. In ihrem Blick liegt ein Hauch von Traurigkeit. Ich muss an die gegensätzlichen Lebensrealitäten von Elham und Hacar denken und welch unterschiedliche Zugänge sie zu Rumi gefunden haben. Wer weiß, was Rumi all den anderen, die hier auf dem Boden sitzen, bedeutet – ja, vielleicht existieren so viele Rumis, wie sich Menschen im Raum befinden.

Kurz vor vier Uhr kommt Bewegung auf. Um 16.05 Uhr, zu Rumis Todesminute, stehen alle auf den Beinen. *„Ya Hazret-i Mevlana"*, tönt es aus den Lautsprechern, gefolgt von einer Koran-Rezitation und einem kurzen *dhikr*, das in elektrisierten „Allah"-Rufen endet. Manche stoßen Freudenschreie aus, johlen euphorisch, jemand kreischt. Die tiefe Stille, die auf die Trance folgt, wirkt heilsam. Für einen kurzen Augenblick fühlt es sich an, als habe das *„lā illaha il Allah"* alle Anwesenden ergriffen. Manche verharren in Meditation. Eine Gruppe Iraner fällt sich in die Arme. Doch dann geht das allgemeine Geschwatze wieder los, und die ersten drängen wieder in Richtung Ausgang.

In der Nacht verwandelt sich Konya zu einer Art Jahrmarkt der Sufi-Zeremonien. Gruppen aus aller Welt haben sich in den Hotels rund um das Mausoleum eingemietet, wo sie bis in den Morgen die Hochzeitsnacht feiern werden.

Bald finde ich mich in der Hinterhalle der „Dervish Brothers" wieder, einem Shop für Sufi-Allerlei. Es ist kurz vor Mitternacht, die Teppiche sind dicht mit Menschen besetzt, fast so eng wie zuvor im Mausoleum.

Die Einrichtung ist bunt: An den Wänden, die mit Sperrholzplatten verkleidet sind, hängen anatolische Kelims, Gemälde von drehenden Derwischen und ein Batiktuch mit dem Om-Symbol. Auf dem Boden und auf Bänken sitzen Vertreter aller Altersgruppen: junge Erwachsene in Leinenklamotten, mit Rastas und Turbanen auf dem Kopf und Gebetsketten um den Hals; daneben türkische Mütter mit eng geschnürten Kopftüchern und Neugierige, die aussehen wie ganz normale Touristen. Am Ende des Raumes sitzt eine Riege von Ehrengästen, Musikern und Sufi-Ältesten.

Die Atmosphäre ist entspannt und hat etwas von einer großen Jamsession. Ein Ensemble spielt *bağlama*, die türkische Volkslaute, und singt *ilahis*, Lieder aus dem Repertoire des anatolischen Volkssufismus. Die Melodien klingen weich, sind eingängig und oft berückend schön. Einige im Publikum haben Rahmentrommeln in den Händen und schließen sich mit einfachen Schlägen den Rhythmen der Musiker an. Plötzlich springt eine junge Frau auf und beginnt, sich zu den Melodien im Kreis zu drehen. Wenn die Musik lauter und ekstatischer wird, dreht sie sich schneller, nimmt die Musik an Intensität ab, tapsen ihre Füße nur noch langsam auf der Stelle.

In der Türkei ist diese Art von informellen Sufi-Treffen inzwischen populär geworden. Manche sprechen von einem „Lifestyle-Sufismus", wobei Sufi-Elemente oft vermischt werden mit asiatischer Yoga- und Meditationspraxis, Ritualen der indianischen Mystik oder Schamanismus. Tatsächlich ist das Interesse von Türken aus der urbanen Mittelschicht am spirituellen Islam in den vergangenen Jahren gewachsen. In vielen Buchläden liegen Sufi-Bücher unter den Bestsellern. Manche Sufi-Meister treten sogar in Talkshows auf.

An sich ist dies eine erfreuliche Entwicklung, zumal Sufismus in der türkischen Republik jahrzehntelang ein Tabuthema war. Andererseits wächst die Gefahr der Verwässerung und Kommerzialisierung von Spiritualität. Häufig ist es nicht mehr so leicht, Authentizität von billigem Sufi-Abklatsch zu trennen. Wie auch in Iran hängt in der Türkei die Popularität des Sufismus mit der Entfremdung junger Menschen vom veräußerlichten Islam, wie er von der breiten Masse der Muslime praktiziert wird, zusammen.

Für die Iraner, die zum Teil auf Sufi-All-inclusive-Reisen an der *scheb-i arus* teilnehmen, bietet das Fest ein Stück Seinsfreiheit. Als ich spät in der Nacht zurück zum Hotel laufe, fällt mir vor der Sultan-Selim-Moschee neben Rumis Grabmal eine Menschenansammlung auf. Ich trete näher. Im Zentrum der Aufmerksamkeit befindet sich eine elegant geschminkte Iranerin, die sich zu Musik aus ihrem Smartphone im Kreis dreht. Einige Dutzend Zuschauer stehen um sie herum, manche filmen die Szene mit ihren Handys. Das Ganze wirkt auf mich ästhetisch reizvoll, aber auch künstlich inszeniert – ganz anders als die sakrale Drehpraxis, welche die Mevlevis über Jahrhunderte nach einem überlieferten Ritus kultiviert haben.

* * *

Die Regale von Celalettin Berberoğlus Laden sind bis an die Decke mit Wolle in allen erdenklichen Farben gefüllt. An den Wänden hängen mystische Aussprüche, ein gefilztes

Porträt von Rumi sowie herunterbaumelnde Filzderwische. Im Nebenzimmer rollt eine junge Frau nasse Wolle zwischen ihren Fingerspitzen aus. Es riecht nach Seife.

Celalettin wartet in der Ecke des Ladens auf Besucher. Auf den ersten Blick wirkt der mittelalte Filzmeister mit den grauen Stoppelhaaren nicht gerade so, wie sich mancher einen Derwisch vorstellen würde: Celalettin trägt ein Polohemd über einem wohlgenährten Bauch. Er liebt es, sich in seiner Sitzecke zu fläzen und mit Kunden einen Tee nach dem anderen zu trinken.

Doch hinter der Fassade eines Lebemenschen steckt eine spirituelle Biografie: Bereits als kleiner Junge zog sich Celalettin den Rock seiner Mutter über und drehte sich im Kreis, so wie er es bei den Mevlevi-Derwischen beobachtet hatte. An Wintertagen las ihm sein Vater die Geschichten der Sufis vor. Wer war dieser Mevlana, den alle so verehrten? Celalettin begab sich auf die Suche. Über Jahre ging er bei einem Sufi-Meister in die Lehre und wurde in das Drehritual der Mevlevis eingewiesen. Später reiste er als Sufi-Botschafter durch die Welt und machte sich mit spirituellen Strömungen im Ausland vertraut.

Früh lernte Celalettin, die *sikke* zu fertigen, den konischen erdbraunen Filzhut der Mevlevi-Derwische, welcher einem Grabstein nachempfunden ist und symbolisch für den Tod des Egos steht. Heute ist Celalettin einer der letzten Filzmeister von Konya, der Bewahrer einer langsam verschwindenden Kunst, die er von seinem Vater geerbt hat.

Er liebt es, die Symbolik seines Handwerks zu erklären – das Filzen als Metapher für die Reise des Sufis auf dem Weg zum vollkommenen Menschen. Zunächst einmal, holt er mit seinem liebenswerten Konyaer Akzent aus, leite sich schon das Wort Sufi vom arabischen *suf* ab, was Wolle bedeutet. Schließlich trugen die Derwische in den ersten Jahrhunderten des Islam zumeist wollene Gewänder.

„Ein Lamm lebt und schläft auf dem Boden und wird dabei schmutzig. So wie wir Menschen uns mit all unseren Fehlern und Missetaten ‚beschmutzen'. Bald wird das Schaf zum ersten Mal geschoren. Die Schurwolle waschen die Dorffrauen am Flussufer. Nach dem Trocknen breiten sie die Wolle auf einem Stein aus, um sie anschließend mit einem Holzstück zu dreschen. Mit jedem Schlag wird die Wolle ein wenig weißer und bauschiger. Das ist der Reinigungsprozess. Auch Gott versetzt uns aus Barmherzigkeit in unserem Leben immer wieder leichte Schläge."

„Die gereinigte Wolle kommt dann zum Baumwollkrempler. Der pflückt die Wolle auseinander. Dieser Akt symbolisiert, wie die innere Welt des Menschen auf dem spirituellen Weg zerfällt und in Stücke gerissen wird."

Als Nächstes, erklärt Celalettin, treffe die Wolle auf den Filzer, der sie zunächst zu einer Rolle formt und dann unter seinen Füßen zerstampft. Dies sei das Ego, das unter den Füßen des Meisters klein gemacht wird – das Auflösen des „falschen Ich", an das wir uns ein Leben lang geklammert haben. Selbst wenn der Meister das Innere der Rolle nicht sehen könne, fühle er doch mit seinen Füßen genau, ob die Wolle ausreichend bearbeitet wurde oder noch etwas mehr Zeit braucht. Genauso könne auch der spirituelle Meister den inneren Fortschritt des Schülers präzise einschätzen – schließlich ist er den Weg, auf dem sich der Novize befindet, schon einmal selbst gegangen.

„Fürs Filzen braucht es heißes Wasser, Seife und eine warme Umgebung", fährt Celalettin fort. „Das heiße Wasser steht für die Liebe. Die Seife ist das Herz, das vor Liebe überschäumt. Die Wolle wird zwischen den Händen gerollt und aufgeheizt, wobei sie allmählich zu schrumpfen beginnt. Je stärker das Ego des Menschen schrumpft, desto spirituell gesünder wird er. Zum Schluss wird der fertige Filz zum Trocknen ausgelegt."

Celalettin beherrscht nicht nur die Metaphorik der Mystik, sondern besitzt rhetorisches Talent und den Humor eines Nasreddin Hodscha, des heiligen Narren der Sufis, von dem in Anatolien unzählige Weisheitsgeschichten überliefert sind.

Weitere Gäste treten ein. „Kommt herein, wir frönen hier dem *mystic gossip*!", ruft Celalettin den Neuankömmlingen gut gelaunt zu. Er ist in Konya eine Sufi-Prominenz. „Was ich euch erzähle, sind alles nur Lügen. Denn eigentlich sind es ja nicht meine Worte!"

„Wie unsere Zeit war auch das 13. Jahrhundert, die Ära der Mongolenstürme, eine Phase der Trennung und Spaltung. Rumi war ein spiritueller Arzt, der in schwierigen Zeiten auftauchte", sagt Celalettin. „Er sah den Menschen in seiner Essenz. Religiöse oder kulturelle Hintergründe, Sprachen oder Überzeugungen interessierten ihn nicht. Er wusste, dass all diese Dinge nur Instrumente sind, die uns in dieser Welt gegeben wurden. Er wusste, dass Unterschiede nicht dazu da sind, um über sie zu streiten, sondern um Gottes Schönheit zu kontemplieren."

Das Publikum hört gebannt zu, während eine Ladengehilfin uns frischen Tee serviert. Bei Celalettin lebt die Tradition des *sohbat* weiter, wie sie früher in den Teehäusern und Basaren von Konya gepflegt wurde. Im Mittelalter waren Sufi-Meister oft Ladenbesitzer oder Handwerker, deren

Arbeitsplätze neben Orten des Handels und der Produktion zu Pilgerstätten wurden, an denen die spirituelle Ernährung im Vordergrund stand.

„Rumi hat am System seiner Zeit gerüttelt. Er war ein Revolutionär", führt Celalettin fort. „Er hat den Menschen das Menschsein beigebracht. Aus jeder Religion und Nation strömen sie nun hierher, um Rumi zu danken, dass er ihnen einen neuen Blick auf das Leben gegeben hat. Zur *scheb-i arus* kommen jedes Jahr etwa 60 000 Menschen aus der ganzen Welt nach Konya, um sich in Liebe und Eintracht zu versammeln. Das zeigt uns, dass eine geeinte Welt keine Illusion ist."

***

Bevor ich in den Schnellzug nach Istanbul steige, der seit ein paar Jahren in fünf Stunden von der anatolischen Steppe an den Bosporus saust, statte ich Rumis Grab noch einen Abschiedsbesuch ab. Nach dem Gewimmel der letzten Tage ist endlich so etwas wie Ruhe eingekehrt. Die will ich nutzen, um noch einmal auf dem Teppichboden gegenüber dem Sarkophag zu meditieren. Doch dazu kommt es nicht, denn im Mausoleum begegne ich einem alten Bekannten.

Der Herr im Jackett mit der Brille und einem dichten, wohlgetrimmten Bart ist Karim Zamani, der Autor des fünfbändigen Masnawi-Kommentars, den ich zuhause oft zu Rate ziehe. Vor einigen Jahren hatte ich den Rumi-Experten in seiner Teheraner Wohnung zum Tee besucht.

Wie ein Popstar wird Zamani von einer Traube junger Iraner umgeben, die gekommen sind, um ihn reden zu hören. Bei Zamani, der jahrelang Rumis Verse auseinandernahm, verschiedene Erklärwerke studierte und ihre Weisheit zu einem einheitlichen Masnawi-Kommentar zusammenfasste, suchen die Menschen einen verkürzten Zugang zu den Worten Rumis. Ich nähere mich der Gruppe und kann gerade noch einen Platz in der zweiten Reihe ergattern, um Zamanis Worte aufzuschnappen.

„Wir haben ein unrealistisches Bild von uns selbst. Selbsterkenntnis bedeutet, sich selbst realistisch zu sehen. In den Upanischaden der Hindu-Tradition sprechen sie vom *atmān*, der wahren Seele", sagt Zamani und zitiert einen berühmten *hadith*: *Wer sich selbst kennt, der kennt seinen Herrn.*

Dann sagt er drei Verse aus dem letzten Masnawi-Buch auf:

Eines Tages sprach ein niederer Gesell zu einem Derwisch: „Hier kennt dich niemand!"
Dieser entgegnete: „Wenn mich auch die gewöhnlichen Leute nicht kennen mögen, so weiß ich sehr wohl, wer ich bin.
Gott sei's geklagt, wäre es umgekehrt und (der gewöhnliche Mann) würd' mich sehen, während ich mir selbst gegenüber blind bin!"

„Die größte Wissenschaft für Rumi ist die Wissenschaft des Selbst", fährt Zamani fort. „Wir Menschen versuchen, alle Knoten der Welt zu lösen. Außer den Knoten unserer eigenen Existenz!"

Einige nicken zustimmend, andere tippen eifrig Notizen in ihre Handys.

„*Ostād*, ich glaube, dass Schams genau das mit Molānā gemacht hat, nämlich ihn in die Begegnung mit sich selbst zu führen", wirft jemand ein.

„Vor seiner Begegnung mit Schams lief Rumi mit vielen Etiketten herum“, entgegnet Zamani. „Er wusste: ‚Ich bin ein Gelehrter, habe viele Schüler und verändere mit meinen Worten die Leben der Menschen.‘ Sobald Rumi vor die Tür trat, folgte ihm eine Armee von Schülern. Das führt natürlich zu Selbstgefälligkeit und weg von wahrer Existenz.“

Dann blickt Zamani seiner stetig anwachsenden Zuhörerschaft in die Augen: „Rumi lehrt uns, dass der Anfang aller Vervollkommnung Bescheidenheit ist. Jemand, der nicht bescheiden ist, kann selbst das elementarste ABC des Sufismus nicht verstehen. Zuallererst musst du ein Nichts werden!“

5. Eigne dir den Durst an Istanbul

Gib dich ganz der Suche hin, denn das Suchen ist ein guter Führer auf dem Weg.

Beykoz, Dezember 2019

Je weiter wir aus Istanbul herausfahren, der Schwarzmeerküste entgegen, desto grüner wird die Stadt. An den letzten Waldrändern der Sechzehn-Millionen-Metropole stehen Landhäuser mit verwilderten Obstwiesen, Hühner huschen am Straßenrand vorbei. Hunde bellen, und aus einer Dorfmoschee ertönt, bevor es dunkel wird, noch ein müder Ruf zum Abendgebet.

Ich bin unterwegs zum Gemeinschaftszentrum der Mevlevi-Derwische von Beykoz, auf der asiatischen Stadtseite von Istanbul. Am Ziel angekommen, öffne ich ein mit Efeu umranktes Gartentor und laufe über den Pfad zur Eingangstür, an der bereits zwei Männer in kragenlosen weißen Hemden warten. Ihre Köpfe sind leicht gesenkt, die rechte Hand ruht auf der linken Brust. Nachdem das Empfangskomitee mir Schuhe, Schal und Mantel abgenommen hat, legt mir eine junge Frau im knöchellangen türkisfarbenen Kleid ein Paar Pantoffeln in den Flur. Dann zeigt sie mit einer höflichen Handgeste in Richtung Esszimmer.

Jeden Sonntag findet hier in kleinem Kreise eine Mevlevi-Zeremonie statt, bei der die von den geistigen „Großvätern" des Ordens, den *dedes*, über zwanzig Generationen tradierten Rituale zum Leben erweckt werden. Einige Tage nach dem Fest in Konya hat die Mevlevi-Meisterin Hayat Nur Artıran zur Feier von Rumis Todestag geladen.

Die Mevlevis gehen zurück auf Rumis Sohn Sultan Valad, der nach dem Tod von Hosamuddin die Geschicke der Gemeinde in Konya, die sich um Rumi gebildet hatte, weiterführte. Anders als sein Vater, der sich nie als klassischer *sheikh* mit einer Sufi-Loge verstand, bemühte sich Sultan Valad, eine formelle Ordensstruktur aufzubauen. Als Mann der Tat gelang es ihm, zahlreiche neue Anhänger in die Rumi-Bewegung, die bald als Orden der Mevlevis bekannt wurde, einzugliedern.

Sultan Valad schickte Repräsentanten in verschiedene Regionen Anatoliens, um dort Arme des Mevlevi-Ordens aufzubauen. So konnten sich der Bewegung neue Schüler anschließen, ohne dafür ihre Familien zuhause zurücklassen zu müssen, um nach Konya zu ziehen. Die zentrale Verwaltung des Mevlevi-Ordens oblag über Jahrhunderte den Nachkommen von Rumi, welche den Namen *çelebi* trugen, ein Titel, der auf Türkisch so viel wie „Herr" oder „Meister" bedeutet.

Gut zwei Jahrhunderte nach Rumis Tod fiel Konya in die Hände der Osmanen. Bis zur Gründung der türkischen Republik im Jahr 1923 pflegten die Mevlevis gute Kontakte zur osmanischen Staatselite. Manche der Herrscher, etwa Sultan Selim III., der um die Wende vom 18. zum 19. Jahrhundert regierte, waren Förderer und Anhänger der Mevlevis. Mevlevi-Konvente eröffneten in zahlreichen Städten des Osmanischen Reichs – darunter Kairo, Jerusalem, Damaskus, Aleppo, Thessaloniki und Sarajevo – und prägten das kulturelle Leben dieser urbanen Zentren.

Ab dem 18. Jahrhundert bis zur Schließung der Sufi-Orden 1925, verordnet durch Mustafa Kemal Atatürk, war Istanbul der wichtigste Standort der Mevlevis. In der Metropole existieren fünf *mevlevihanes* – so wurden die Zentren des Ordens genannt –, die heute als Museen, Kulturstiftungen oder Universitätsgebäude dienen.

Der Staatsgründer und Reformer Atatürk sah die Sufi-Bruderschaften als osmanischen Anachronismus, ein Modernisierungshindernis, wollte er sein Land doch auf schnellstem Wege an Europa angleichen. Zudem galten die Orden als Belastung der Staatskasse, denn ihre religiösen Stiftungen hatten von den Sultanen großzügige Zuwendungen erhalten. Traditionelle Kostüme wie Turban und Derwischkleid wurden unter Atatürk verboten und durch europäische Outfits ersetzt.

Auch die Sufi-Gemeinschaft von Hayat Nur Artıran, die auf Konferenzen, Dialogforen und zuweilen auch im türkischen Fernsehen auftritt, fungiert offiziell nicht als Orden, sondern als Internationale Stiftung für die Verbreitung von Rumis Lehren.

Artıran sieht die Schließung der Sufi-Orden zwar als einen Einschnitt, doch für die wirklichen Weisheitssucher habe sich nichts geändert: „Der Sufismus ist ein Wissen, das zu Selbsterkenntnis führt. Er ist ein Weg, um Gott nah zu sein. Diese Tür lässt sich von der Regierung weder öffnen noch schließen. Niemand kann dieser Suche Grenzen setzen."

* * *

Im Inneren des Mevlevi-Zentrums hängt ein Duft von Räucherstäbchen in der Luft. Die Flure sind mit feinen orientalischen Teppichen ausgelegt. Auf den Stufen brennen Teelichter, aus einer dekorativen Kupfervase ragen Pfauenfedern. Hinter der allgegenwärtigen Ästhetik steckt die Vision von Hayat Nur Artıran, weltweit eine von wenigen Frauen, die Sufi-Orden leiten. Gut zwei Drittel von Artırans sechzig Sufi-Lehrlingen sind ebenfalls Frauen.

Eine davon, sie heißt Şirin, deckt heute die Esstische auf. Mit minutiöser Konzentration platziert sie die Gabeln in die Mitte jeder sorgsam gefalteten Serviette. Das Geschirr und die Gläser haben einen filigranen Goldrand. Bunte Glitzerherzen und rote Schnittrosen in Vasen schmücken die weiße Tischdecke. Die Derwische bringen dampfende Vorspeisen aus der Küche heran: gefüllte Kohlblätter, ein Gemüsegratin und Kartoffelbrei. Die Glaskelche füllen sich mit hausgemachtem Tamarindensaft. Obgleich alles längst perfekt aussieht, beugt sich Şirin am Ende noch einmal über die Tafel und kontrolliert, dass jeder Gegenstand an Ort und Stelle ist.

Perfektion im Dienst ist seit jeher eine der Tugenden des Mevlevi-Ordens. Neue Anwärter, die in der Vergangenheit den Mevlevis beitreten wollten, mussten zunächst eine Zeit der Initiation durchlaufen, in der sie ihre Ergebenheit unter Beweis stellten. Diese Phase bestand aus 1001 Tagen des Dienens, meist in Form von einfachen und monotonen Handlangeraufgaben. Diese harte Schule für das Ego sollte zeigen, wie ernst es jemand mit der Arbeit an sich selbst meinte.

Insgesamt gibt es achtzehn „Ämter“ in der für die Ausbildung zentralen Mevlevi-Küche – angelehnt an die ersten achtzehn Verse des Masnawi: vom Wasserschenker über den

Scherbetbrauer, den Kaffeemahler bis hin zum Kerzenanzünder. So wurden nicht nur Speisen „gekocht", sondern auch die „rohen" Aspiranten.

In der Küche des Zentrums von Beykoz werden bereits Vorbereitungen für den Nachtisch getroffen. Eine junge Frau greift konzentriert in eine Schale mit Rosenblättern, die sie über Dessertteller mit Zuckergebäck streut. Erst als vollständig aufgedeckt ist, werden die Besucher zu Tisch gerufen. Als die Gesellschaft auf ihren Stühlen sitzt, betritt der Ehrengast der Feier den Raum, ein Großenkel Rumis aus der 22. Generation. Hinter dem kräftigen alten Herrn scheint Hayat Nur Artıran fast zu verschwinden. Die Meisterin ist von zarter Statur. Ihre sanften Gesichtszüge und kurzen Haare verraten nicht, dass sie bereits siebzig ist. Artıran nimmt Platz und spricht mit akzentuierter Stimme einen Tischsegen.

Während des Essens herrscht Stille. Wer etwas zu sagen hat, flüstert. Manchmal wendet sich die Meisterin an einen der Gäste, stellt Fragen oder macht pointierte Bemerkungen. Die Derwische schwirren lautlos um die Tische und halten Ausschau nach Gelegenheiten, um den Gästen von den Speisen aufzugeben. Mit Adleraugen blickt Şirin auf die Teller, versucht die Wünsche der Besucher aus ihren Gesichtern abzulesen. Ich erhalte Nachschlag vom gebutterten Reis und lasse mir zweimal den köstlichen Tamarindensaft einschenken.

Wie eine junge Türkischlehrerin an einer renommierten Istanbuler Privatschule dazu kommt, in einer Sufi-Gemeinschaft zu dienen? Später erzählt mir die 26-Jährige mit den pechschwarzen Haaren und feinen Gesichtszügen von ihrer spirituellen Suche: Şirins Großmutter war eine gläubige Muslimin, die mit ihrer friedlichen Ausstrahlung das Beste am Islam verkörperte. Als Jugendliche fühlte sich Şirin abgestoßen von der Konsumkultur in der modernen Welt. In den Gedichten von Rumi und Yunus Emre fand sie tiefe Weisheiten in wenigen Worten, die von einer anderen Form der Wirklichkeit sprachen. Im Koran las sie von Allahs Barmherzigkeit.

„Doch die Menschen, die den Islam bei uns nach außen repräsentieren, schienen mir eher das Gegenteil von barmherzig", sagt Şirin. So begann ihre Suche nach einem gelebten Islam jenseits der Moscheen. „Allerdings dachte ich, dass die Sufi-Orden längst geschlossen seien."

Als sie Hayat Nur Artıran vor ein paar Jahren bei einer Lesung kennenlernte, spürte Şirin, dass ihre Suche zu Ende war. In Artıran habe sie eine Frau gefunden, die das lebt, was sie lehrt. Zunächst nahm Şirin nur als Zuschauerin an den Sonntagstreffen teil. Dann fasste sie den Entschluss, bei der Meisterin in die Ausbildung zu gehen. Als sie sich der Ernsthaftigkeit von Şirins Suche gewiss war, nahm Artıran die Lehrerin in ihre Gemeinschaft auf.

Wie früher in den *mevlevihanes* erteilt Artıran jedem ihrer Derwische eine eigene Pflicht. Als Literaturwissenschaftlerin wurde die Pflege der Hausbibliothek in Şirins Obhut gelegt. Im Dienst gehe darum, jede noch so kleine Aufgabe mit Liebe auszuführen. „Nichts ist vertan. Beim Dienen entwickelt sich die Persönlichkeit am meisten weiter. Je mehr wir lieben, desto besser können wir unsere Arbeit verrichten", sagt Şirin. „In meinem Beruf begegne ich den Schülern nun mit mehr Wärme, Geduld und Verständnis. Sanft, aber mit Disziplin."

Die Sufi-Gemeinschaft dient als Probefeld für die Gesellschaft im Außen. Ziel ist es, die geistige und die materielle

Welt miteinander in ein Gleichgewicht zu bringen und auch alltägliche Tätigkeiten in Gottesbewusstsein zu verrichten.

Fast alle von Artırans Derwischen besitzen einen akademischen Abschluss und üben unter der Woche fordernde Berufe aus. An Wochenenden widmen sie sich den Pflichten der Gemeinschaft. Freizeit bleibt dabei kaum. Artıran weiß, was im Leben ihrer Schülerinnen und Schüler vor sich geht, verfolgt die persönliche Entwicklung jedes Einzelnen und gibt Hilfestellung bei Problemen. Die Aufopferungsbereitschaft und Hingabe von Artırans Derwischen sind Eigenschaften, die angesichts der spirituellen Fastfoodkultur von heute, welche auch die Sufi-Welt überschwemmt hat, selten geworden sind.

* * *

Zum Abschluss des Essens spricht Hayat Nur Artıran die Anrufung der Mevlevis: „Möge diese Zusammenkunft gesegnet sein. Möge das Gute sich offenbaren. Möge das Übel uns fernbleiben. Mögen die Herzen froh sein und unsere Gebete angenommen werden!"

Nach einer Dreiviertelstunde Mittagspause sind die Tische verschwunden, und der Raum, der gerade noch ein Esszimmer war, hat sich in einen *meydan*, die rituelle Fläche für das *sema*, verwandelt. Drei Häufchen Kreidepulver auf dem glänzenden Parkettboden kündigen die Drehzeremonie an, es verhilft den Füßen zu besserem Halt.

Die Derwische, die gerade noch Gäste bewirteten, haben einen Chor und ein Orchester gebildet. Sie spielen Musikinstrumente, die zum traditionellen Repertoire der Mevlevis gehören, darunter die türkische Kastenzither, genannt *ka-*

nun, Rahmentrommeln und eine Kniegeige. Niemand hier ist professioneller Musiker, aber die Derwische erhalten einmal in der Woche Musikunterricht. Schließlich ist der Mevlevi-Orden traditionell eng mit den Künsten verbunden; Harmonie, Musikalität und ein reifer Intellekt werden auf diesem Sufi-Pfad besonders kultiviert. Denn Schönheit, so wissen die Mystiker, kann auf dem Weg zu Gott eine geradezu therapeutische Rolle spielen.

Die Mevlevi-Litanei beginnt mit einem melancholischen Solo der *ney*. Nach einem Lobgesang auf den Propheten und gemächlichen Hymnen aus Rumis Dichtung nehmen die Rhythmen allmählich Fahrt auf. Die Derwische schließen ihre Augen. Zu Trommelschlägen rezitieren sie die Namen Gottes und wiegen dabei ihre Oberkörper und Köpfe im Takt. Auch die Gäste beginnen, auf den Stühlen zu schwingen.

Da steht Şirin plötzlich von ihrem Platz auf. Sie kniet sich nieder, bringt ihre Stirn zu Boden und küsst das Parkett. Artıran, gerade noch mit einem entrückten Gesichtsausdruck, scheint nun hellwach. Klaren Blickes verfolgt sie ihre Schülerin, die andächtig in die Mitte des Raumes schreitet. Dann schaut Şirin zu ihrer Lehrerin. Für einen Moment treffen sich die beiden Augenpaare. Dies ist das Signal. Şirin verbeugt sich, reißt ihren rechten Fuß in die Luft und beginnt, sich um die eigene Achse zu drehen. Zunächst langsam, dann immer schneller. Ihr Kopf neigt sich zur Seite, die Augen bleiben bis auf einen winzigen Spalt geschlossen. Auf ihren Lippen zeichnet sich ein dezentes Lächeln ab. Wie ein überdimensionierter Kreisel wirbelt Şirins weißer Rock durch die Luft.

Das *sema* ist zu einer Art Markenzeichen des Mevlevi-Ordens geworden, so sehr, dass der „Sufi-Tanz", der eigentlich kein Tanz ist, von vielen als Erstes mit dem Sufismus verbunden wird. Im Diwan-e Schams heißt es, dass sich alle Geschöpfe und Atome im Universum ständig im Zustand des *sema* befinden. Rumi verwendet dafür das Bild eines Lichtstrahls, in dem unzählige winzige Staubpartikel umherwirbeln. In vielen seiner Gedichtverse ist der Rhythmus von Tanz und Musik deutlich zu spüren – Persisch mit seiner rhythmischen Sprachmelodie ist wie gemacht für diese Form der bewegten Lyrik.

Sama' oder, in türkischer Schreibeweise *sema*, bedeutet „Hören". Das Drehritual aus den *mevlevihanes* folgt einem komplexen Ablauf, welcher der Reise der Seele nachempfunden ist. Der *semazen* gleicht dabei einem Kanal – seine rechte Hand ist nach oben ausgestreckt, sie empfängt den Segen, die linke gibt ihn an die Erde weiter.

Wenn ein *semazen* das Drehen erlernt, weist ihn der Meister an, seine Augen zusammenzukneifen, bis nur noch ein kleiner Spalt offenbleibt. Er soll so lernen, die Augen, die er jahrelang auf die Welt gerichtet hat, nach innen zu lenken und mit dem inneren Auge, dem Auge des Herzens, zu sehen. Beim Drehen verschwimmen bald all die Objekte, Probleme und Menschen, um die sich sein Leben bislang gedreht hat. Stattdessen dreht sich der *semazen* nur noch um die Achse des eigenen Herzens, den Sitz des Göttlichen in ihm. So wie Gott in einem berühmten *hadith al-qudsi* zitiert wird: *Himmel und Erde umfassen Mich nicht, aber das Herz Meines gläubigen Dieners umfasst Mich.*

„Wir sind dagegen, aus dem *sema* eine Show zu machen", sagt Şirin, als ich später mit ihr über das Ritual reflektiere. Für sie ist das Drehen eine Form von Gottesdienst, ein Weg, um die Grenzen der physischen Welt zu durchbrechen. Die

Regeln des Rituals beziehen sich nicht nur auf die Fußstellung und Körperhaltung eines Derwischs, sondern vor allem auf sein Inneres. Bei Hayat Nur Artıran darf sich nur drehen, wer es sich wirklich zum Ziel gesetzt hat, sein Herz zu reinigen.

Dass das Drehritual in der Türkei inzwischen als Bühnenshow auf Hochzeiten, bei Firmeneröffnungen oder in Restaurants aufgeführt wird – mit Schauspielern, die nichts über den Sufi-Weg wissen –, lehnen die Mevlevis von Beykoz entschieden ab.

Ein paar Tage später treffe ich Hayat Nur Artıran im Empfangszimmer des Sufi-Zentrums. Sie trägt eine dunkelgrüne Seidentunika, dezentes Mascara unter den Augen und Ohrringe, die an die geometrischen Formen marokkanischer Moscheewände erinnern. Die Möbel gehörten einmal ihrem Meister, bemerkt sie, und setzt sich mit einem Kissen im Rücken auf das grüne Samtsofa. Artırans Stimme ist weich, nur manchmal, wenn sie etwas betonen will, spricht die Meisterin kräftig und akzentuiert. Ihre Augen wirken nach innen gerichtet.

Schon in ihrer Kindheit tauchte Artıran in die Sufi-Welt ein, denn ihre Mutter war bei einem Meister des Nakschbandi-Ordens in der Lehre. „In dieser Gruppe saßen Männer und Frauen voneinander getrennt in zwei verschiedenen Zimmern“, erzählt Artıran. „Manchmal mischte sich meine Mutter einfach unter die Männer, um näher bei ihrem Meister zu sitzen. Sie war ein Charakterunikat, besaß eine starke Haltung und viel Liebe zum Leben.“

Als junge Frau studierte Artıran Modedesign und arbeitete fünfzehn Jahre in einem internationalen Bekleidungsunternehmen.

„Wie passt das mit der Mystik zusammen?", frage ich.

Sie überlegt einen Moment und lächelt: „In der Textilwelt werden Kleider entworfen und Stoffe zusammengenäht. Auch im Sufismus wird der Mensch neu entworfen. Die Risse in seinem Inneren werden genäht."

Dann erzählt sie weiter: In einer finanziellen Notsituation – damals war Artıran Ende zwanzig – hatte die junge Textilvertreterin ein Erweckungserlebnis. In einem Traum wurde ihr gezeigt, was es bedeute Sufi zu sein, nämlich, alles aufzugeben. Daraufhin fand sie ihren ersten Sufi-Lehrer, dem sie dreizehn Jahre lang bis zu dessen Tod diente. Im Laufe ihrer spirituellen Schulung entzog sich Artıran der Welt, ließ ihr Berufsleben zurück und widmete sich ganz dem Pfad.

Ende der Neunzigerjahre hatte sie einen Traum, der sie zu Şefik Can, einem der berühmtesten Mevlevis des 20. Jahrhunderts, führte. Artıran, die in ihrem Leben viele Meister gesehen hatte, bemerkte, dass an Şefik Can etwas anders war: „Ich habe nie einen so demütigen Menschen gesehen. Trotz seiner enormen spirituellen Erfahrung war er wie ein Nichts."

„Nichts" oder *hiç* (sprich „hitsch") ist unter Sufis ein heiliges Wort – es beschreibt das Leerwerden vor Gott bis hin zur völligen Aufgabe des Egos. Bei Şefik Can ließ Artıran alles zurück, was sie bis dahin auf dem Sufi-Weg gelernt hatte. Sie diente ihrem neuen Meister wie eine Anfängerin und kümmerte sich liebevoll um ihn, bis dieser mit 95 Jahren verstarb.

Şefik Can war *mesnevihan*, ein Kenner und Lehrer des Masnawi, eine Aufgabe, die er an Artıran weitergab – zum ersten Mal seit 400 Jahren in der Geschichte der Mevlevis trägt nun eine Frau diesen Titel. Zudem übertrug er Artıran sein gesamtes spirituelles Erbe. Damit rüttelte er im maskulinen Establishment der Mevlevis an einem Tabu. In seinem Testament verfügte Şefik Can sogar, dass sich Frauen auf seiner Beerdigung drehen sollten, und das, obwohl *sema* seit Jahrhunderten nur Männern vorbehalten war.

„Er wollte seinen Zeitgenossen den wahren Wert der Frau zeigen", sagt Artıran. „Denen zumindest, die es verstehen konnten. Im Sufismus gibt es weder Mann noch Frau! Die Frau hat im Islam einen hohen Stellenwert. Doch bedauerlicherweise haben das die meisten bei uns bislang nicht verstanden."

Eine Schülerin betritt den Raum und fragt höflich, ob etwas benötigt werde. Noch ein Tee oder ein Glas Wasser? Artıran schaut sie zuneigungsvoll an und entgegnet: „Nein, *canım*, du kannst nun die Tür schließen."

„Dschanim", die Anrede der Derwische untereinander und gleichzeitig ein Kosewort in der türkischen Sprache, kommt vom persischen *dschān* und bedeutet „meine Seele" oder „mein Leben".

„Dienen bringt das Innere des Menschen zum Vorschein", sagt Artıran. An der Art und Weise, wie eine Schülerin oder ein Schüler dient, könne sie deren Reifegrad erkennen. „Ich suche im Dienst des Schülers zuallererst die Liebe. Denn der Dienst ist nur so viel wert wie die Liebe, die in ihm steckt."

„Nicht einen Moment ist Rumi in die Zweiheit gefallen. Auf Rumis Weg gibt es kein ‚Ich' und kein ‚Du', auch nicht ‚deine Religion' oder ‚meine Religion'. Dieses Einheitsverständnis ist das wahre Ethos des Islam. Leider wird im Westen, aber auch bei uns angenommen, dass diese Form der Toleranz eine Besonderheit Rumis sei", sagt Artıran. „Doch in Wirklichkeit ist dies die mohammedanische Ethik. Wir sind nicht tief genug in den Koran und in die Lebensgeschichte des Propheten eingedrungen, um das zu begreifen. Stattdessen bleiben wir an der äußeren Form kleben."

Diesen Einheitsgeist versucht Artıran in die äußere Welt zu tragen: Seit Jahren empfängt sie in ihrem Zentrum Vertreter verschiedener Weltreligionen und spiritueller Traditionen. Ob katholische Pfarrer, buddhistische Zen-Priester oder Hindu-Mönche – Besucher aus aller Welt haben die Sonntagstreffen in Beykoz schon besucht. Einige bringen dabei ihre eigenen Schüler mit. Die meisten kommen ein zweites Mal zurück.

„Wenn sich die dunklen Kräfte der Welt so gut organisieren können, warum tun es die Kräfte des Lichts dann nicht?", fragt Artıran. „Diejenigen, die für das Licht stehen, waren zu faul. Sie haben ihre Pflicht nicht getan."

Jeder sei fortwährend damit beschäftigt, zu beweisen, dass er mehr weiß als die anderen. Es sei höchste Zeit, das Ego zurückzulassen und an einem Strang zu ziehen.

„Die Menschen, die in der Welt Gutes leisten, sind schon immer in der Mehrzahl gewesen. Doch sie sind leiser. Der hässliche, billige Ramsch, der wird in den Gassen der Stadt von Marktschreiern angepriesen. Schönheit, Liebe, Freundschaft, Einheit; diese Dinge sind wie die Kostbarkeiten in der Auslage eines Juweliers. Doch Juweliere sind von Natur aus still."

* * *

Üsküdar, Mai 2020

Es ist der letzte Tag im Ramadan. Ein Jahr ist seit meiner Fahrt zur Ruine des Lehmhauses, in dem Rumi geboren sein soll, vergangen. Ein Jahr, in dem die Welt auf den Kopf gestellt wurde durch ein winzig kleines Virus, mit dem Gott die Menschen – so sehen es viele Sufis und Mystiker anderer Traditionen – zu Besinnung und Demut drängen möchte.

Ganze dreißig Tage habe ich mich meiner Frau beim Fasten angeschlossen. Die Bedingungen dazu erschienen mir unter den Vorzeichen der globalen Pandemie als besonders günstig: Alle Reisepläne waren auf Eis gelegt, und nur noch selten verließen wir unsere Dachgeschosswohnung. Dank der gesetzlich vorgeschriebenen Einkehrtage war unser Alltag entschleunigt und folgte einem meditativen Rhythmus, der durch meinen leeren Magen noch zusätzlich unterstützt wurde.

Wer schon einmal gefastet hat, und sei es nur um abzunehmen, kennt den entschleunigenden Effekt dieser Praxis. Nicht nur unser Verdauungssystem fährt dabei herunter, sondern auch das sich ständig drehende Gedankenkarussell in unserem Kopf. Doch während der modernen Wellnessindustrie und ihren Detox-Rezepten ein spiritueller Rahmen gänzlich fehlt, ist das Ramadan-Fasten zur Reinigung von Geist und Seele gedacht. Indem die eigene Aufmerksamkeit von außen nach innen gelenkt wird, schärft sich unser Bewusstsein für das Göttliche.

Das Wort Ramadan stammt von der arabischen Wurzel r-m-d ab, welche die Hitze der glühend heißen Sonne beschreibt. Die „Hitze“ des Ramadan, so die etymologische Auslegung, bringt das „unreife“ Individuum zum Kochen. Tatsächlich empfiehlt Rumi den Verzicht auf physische Nahrung so deutlich wie keine andere spirituelle Praxis. Er stellt dem Füllen des Magens mit Speis und Trank die Zufuhr göttlicher Nahrung entgegen:

> *Wer sich von Stroh und Gerste ernährt, wird zum Opfertier; doch wer sich durch Gottes Licht nährt, wird zum Koran.*

Zum Koran zu werden bedeutet, das Buch der menschlichen Seele für die göttlichen Geheimnisse empfänglich zu machen, sodass der Mensch in seinen Handlungen zu einem Instrument der ständigen Offenbarung Gottes auf Erden wird. Für den Mystiker ist die Natur ein „lebendiger Koran", der sich uns in jedem Moment neu offenbart, solange wir nur dafür empfänglich sind.

Also stehe ich in der Küche und koche unser letztes Mahl zum Fastenbrechen. Aus dem Fenster über dem Spülbecken beobachte ich, wie langsam die Sonne untergeht und einen goldenen Schein auf den Bosporus wirft. Die letzten Momente vor dem Gebetsruf sind im Ramadan eine Zeit freudiger Erwartung und Festlichkeit. Nach über zwölf Stunden des Fastens stecke ich viel mehr Zeit und Achtsamkeit ins Kochen als an normalen Tagen. Jeder Handgriff ist bewusst, die Gerüche erlebe ich als besonders intensiv.

Normalerweise würde es jetzt unten am Fähranleger und im Fischbasar vor Geschäftigkeit brummen, würden sich auf den Straßen von Üsküdar – unserem Stadtteil auf der asiatischen Stadtseite – die Tafeln decken und Schlangen vor den Bäckereien entstehen, wo das warme Pide-Brot noch kurz bis vor dem *adhan*, dem Gebetsruf, gebacken wird. Nach dem gemeinschaftlichen Festmahl würde bis in die Nacht festliche Musik von der Bosporus-Küste in unser Wohnzimmer schallen. Aber was für seltsame Zeiten dies doch sind. Die Stadt ist wie leergefegt – ein bisschen gespenstisch und angenehm beruhigend zugleich.

Dank des dezimierten Schiffsverkehrs liegt die sonst pausenlos befahrene Wasserstraße zwischen den zwei Kontinenten so still da wie ein Gebirgssee. Kürzlich wurden Delfine an der Galata-Brücke gesichtet. Manche konnten von den Hügeln der Stadt sogar den hundert Kilometer südlich gelegenen Gipfel des Uludağ bei Bursa erblicken, was seit vielen Jahren nicht mehr vorgekommen ist.

Auch die zahlreichen Heiligenschreine in unserer Nachbarschaft, die sonst einen steten Strom an urbanen Pilgern und Glaubenstouristen anziehen, bleiben verriegelt – endlich bekommen die alten Meister einmal ihre Ruhe.

Trotz des Zeitenwandels hat sich Üsküdar viel seines alten Flairs als spirituelles Herz Istanbuls bewahrt. Üsküdar war zu osmanischen Zeiten eines der Hauptzentren von Sufi-Kultur. Heute erinnern meist nur noch Straßennamen daran, dass sich in jeder Nachbarschaft Sufi-Zentren befanden, die das soziale Leben des Stadtteils prägten. Sufi-Gräber am Straßenrand sind heute umwuchert von Wohnhäusern oder Kaufläden. Doch sie lassen sich nach wie vor aufspüren – wer seine Augen öffnet, kann die Spuren der Heiligen an ganz unerwarteten Orten entdecken.

In einigen der Ramadan-Nächte bin ich diesmal nach dem *sahur*, dem Frühstück in der Stunde vor Sonnenaufgang, wachgeblieben und habe auf unserem Dachboden aus dem Masnawi gelesen. Je mehr ich mich in das Buch versenke, desto klarer wird meine Ahnung davon, was die

Menschen, denen ich bei meinen Reisen begegnet bin, immer wieder zu Rumi zurückführt. Gleichzeitig stellt sich bei mir ein Gefühl vom enormen Umfang dieses Werkes ein, von seiner schieren Tiefe, die ein Leben lang dazu einlädt, ergründet zu werden.

Während ich einen Salatkopf in Streifen schneide, läuft vom Bildschirm meines Laptops das Ramadan-Programm im öffentlich-rechtlichen türkischen Fernsehen. Normalerweise besteht dieses aus einer Mischung von frommen Gesangsdarbietungen, Interviews mit Theologen oder Koranrezitationen per Live-Schalte aus großen Prachtmoscheen. Doch in diesem Jahr sendet TRT jeden Abend eine Erzählstunde mit Geschichten aus dem Masnawi, leicht verdaulich verpackt für ein Millionenpublikum.

Der Erzähler, ein Schauspieler mit märchentauglicher Bassstimme und ausladender Körpersprache, schreitet durch einen mit orientalischen Mosaiken und bunten Hängelampen dekorierten Raum: „Liebe Freunde … Lassen Sie für einen Moment die Schmerzen dieser Welt zurück und versenken Sie sich in Ihre Gedanken. Wir wissen, dass diese Welt nicht die Heimat des Menschen ist …“

Meine Gedanken wandern zum Salatdressing. Zunächst nehme ich die Sendung nicht so recht ernst, zu gekünstelt und seicht erscheint sie mir in ihrer Aufmachung. Erst im Nachhinein geht mir auf, dass es etwas Besonderes ist, wenn dreißig Tage lang Millionen von Menschen an ihren Mattscheiben Rumis Lehren zuhören. Das ist, als läse ein Sprecher im Ersten Deutschen Fernsehen zur besten Sendezeit den ganzen Advent über aus Meister Eckharts Predigten vor. Niemand kann sagen, welche Samen hierbei in den Herzen und Köpfen der vielen Zuschauer gesät werden.

Die Durchdringung des türkischen Alltags mit dem Spirituellen, das im Hier und Jetzt als relevant für die Lebensführung verstanden wird, zeugt von der Existenz eines kostbaren Schatzes. Unter den Ruinen einer Hochkultur der Mystik liegt in Istanbul und in den Weiten Anatoliens das Erbe der Sufis weiterhin verborgen. Manchmal lebt es fort in einfachen Menschen, die ihr Leben ganz natürlich nach dem Ethos des spirituellen Islam ausrichten, selbst wenn sie sich dessen nicht bewusst sind. In anderen Fällen wird dieses Erbe erst nach langen Umwegen entdeckt, sodass sich der Mensch fragen möchte, wie er all die Jahre an dieser doch eigentlich naheliegenden Kostbarkeit vorbeilaufen konnte. Wer sich dafür bereit macht, kann auf dieses Erbe zugreifen, selbst wenn Millionen in ihrer alltäglichen Hektik daran vorbeiziehen.

Selbst die politischen Krisen, die mitunter zu Kriegen werden, konnten diese Flamme in Rumis Geografie nicht zum Erlöschen bringen. Auch zu Rumis Zeiten brachten die Auswüchse des menschlichen Egos unendliches Leid und apokalyptische Zerstörung hervor. Doch wo Schatten herrschen, ist auch das Licht immer gegenwärtig. Politische Irrwege haben ganze Zivilisationen in den Ruin geführt, doch die Schätze, die aus den Quellen der Weisheit entspringen, sind unzerstörbar. Sie bleiben unberührt von den wiederkehrenden Dramen, die sich auf den Oberflächen der menschlichen Existenz abspielen.

Dies führt mich zurück zu all den Persönlichkeiten zwischen Balch und dem Bosporus, in denen die Saat von Rumis Worten aufgegangen ist. Ihnen gemein sind eine starke innere Präsenz und Gewissheit, die aus Jahren des Strebens nach Selbsterkenntnis erwachsen sind. War Rumi etwa nur ein Vorwand, damit ich die Bekanntschaft dieser Menschen machen und ihre Geschichten erzählen durfte? Ja, hatte vielleicht sogar Rumi selbst all diese Begegnungen für mich eingefädelt? Sagen nicht auch die Mevlevis, dass Rumi in Wirklichkeit niemals gestorben ist? Dass er jedem, der sich ihm hingibt, zum lebendigen Führer wird?

Rumi ist einer der wenigen Heiligen, so heißt es, denen Gott auch nach ihrem Tod die Fähigkeit verliehen hat, Suchende wie lebendige Meister an die Hand zu nehmen. Sicherlich ist es kein Zufall, dass Rumi – wenn auch in verwässerter Form – in der englischsprachigen Welt zu den meistgelesenen Dichtern unserer Zeit gehört. Wie alles besitzt auch diese Entwicklung zwei Seiten. Die Popularisierung Rumis hat einerseits zu einem Fehlverständnis seiner Lehre geführt, aber gleichzeitig zahllose Menschen dazu angeregt, tiefer nach der Wahrheit in sich selbst zu suchen.

Denn wer ist dieser Rumi, wenn nicht eine Metapher für die Möglichkeiten, die in uns allen angelegt sind? Ein leuchtendes Beispiel für unser unermessliches Potenzial auf dem Weg zum wirklichen Menschsein – jenem Weg, den es früher oder später anzutreten gilt. Rumi, so zitiert ihn Aflaki, soll vor seinem Tod gesagt haben:

> *Ich bin nicht die physische Erscheinung, die du beobachtest, sondern die Freude und das Glück, die du in dir spürst, wenn du meinen Namen und meine Worte hörst. Wenn du solche Freude fühlst, dann wisse den Moment zu schätzen und drücke Dankbarkeit aus. Denn das bin ich.*

Rumis Verse lösen immer noch dieselbe Freude in mir aus, die ich bei meinen ersten persischen Lesestunden in Teheran verspürte. Mit dem Fortschreiten der Jahre gesellte sich zu dieser Freude eine wachsende Dankbarkeit für die unbeschreibliche Intelligenz im Leben, die sich meist erst im Rückblick erkennen lässt – die göttliche Führung, die all unser Suchen und Streben von unsichtbarer Hand lenkt. Rumi bleibt in seinen Gedichten lebendig und wirkt durch alle, die seine Weisheit in die Welt tragen – eine Welt, der es heute danach durstet.

Verbring weniger Zeit damit, Wasser zu suchen – eigne dir den Durst an!
Dann wird das Wasser von oben und unten hervorsprudeln.

Danksagungen

Mein tiefer Dank gilt den Menschen, die in diesem Buch vorkommen. Sie öffneten mir ihre Haus- und Herzenstüren, gaben großzügig von ihrer Zeit und Aufmerksamkeit und sorgten liebevoll für mein leibliches Wohl. Ohne das Vertrauen, die Aufgeschlossenheit und Anleitung dieser Individuen wären meine Rumi-Entdeckungen nicht möglich gewesen. Diese Menschen – sie stehen stellvertretend für die ungezählten guten Geister auf meinen Reisen – haben mich Großzügigkeit gelehrt.

Herausheben möchte ich Ali Aljawad und die Gemeinde der Al-Adiliyah-Moschee in Aleppo, wo meine Erforschung der islamischen Mystik ihren Anfang nahm. Wenn auch der syrische Bürgerkrieg die Al-Adiliyah dem Erdboden gleichmachte, so behalten die Gläubigen, die mich wie einen alten Freund unter sich aufnahmen, einen Platz in meinem Herzen.

In Iran gilt meine besondere Verbundenheit Hossein Vali und Sara Zandevakili, die mir bei meinen Aufenthalten in Teheran über viele Wochen ein warmes Zuhause boten. Im iranischen Nordosten danke ich Farshid Feriduni, den ich über meinen lieben Freund Abed Feriduni kennen lernte und der so manch entscheidende Verbindung für mich herstellte.

Dem Teheraner Professor Dr. Iraj Shahbazi, der mich unermüdlich in die Tiefen von Rumis Lehre einführt, verdanke ich meine Begeisterung für das Werk des persischen Mystikers. Ohne Shahbazis selbstlose Hingabe und weise Anleitung wäre mir diese Welt verschlossen geblieben.

Ich verneige mich vor all den weiteren Mentoren und Meistern, von denen ich auf meiner Suche lernen durfte. Manche von ihnen wurden auf den zurückliegenden Seiten genannt, andere stehen still im Hintergrund dieses Buches, darunter Leon Berg, Ali Osman Çoban, Nipun Mehta, Jayesh Patel, Debra Roberts, Zilong Wang und Jack Zimmerman.

Dank gilt auch meinen lieben Freunden Heidemarie und Gerhard Nottbeck, die nicht nur das Buch Korrektur lasen, sondern mir seit meiner Kindheit treue Weggefährten sind. Bei Hilal Sezgin und meinem Lektor German Neundorfer bedanke ich mich, dass sie an dieses Buch glaubten und mir bei dessen Umsetzung zur Seite standen.

Ich danke meinen Großeltern Ursula und Wolfram Glüer, deren unerschütterlicher Glaube mich inspiriert, und meinen Eltern Andrea Glüer-Brehmer und Christian Brehmer, die mir stets unterstützend und liebevoll den Weg ins Leben geebnet haben. Auch meiner *Türk annem*, Ayfer Akdeniz, bin ich für ihre Fürsorge zu Dank verpflichtet.

Zutiefst dankbar bin ich meiner Frau, Aslınur Akdeniz-Brehmer, die mit ihrer grenzenlosen Geduld und Liebe nicht nur meine wiederholte Abwesenheit ertrug, sondern mir bei jeder Rückkehr ein vertrautes Zuhause war.

Quellen der zitierten Verse

Bei den zitierten Rumi-Versen handelt es sich um Übersetzungen des Autors.

M: Masnawi
D: Diwan-e Schams

S. 13 – M4:1407
S. 15 – M1:4
S. 17 – M1:947
S. 23 – M4:1285
S. 34 – M1:3092
S. 38 – M1:985
S. 46 – M2:2942
S. 48 – D:1197
S. 59 – M1:2475
S. 62 – M1:112-13
S. 64 – M1:1-3
S. 69/70 – D:1805
S. 72 – D:1678
S. 80 – M6:1528
S. 81 – M5:3693-95
S. 93 – D:903
S. 97 – M3:1618
S. 104 – D:911
S. 116 – D:1085
S. 119 – M1:1337
S. 129 – M1:1206-07
S. 135 – D:323
S. 137 – M1:1911
S. 147 – M3:2537
S. 149 – D:193
S. 150– M1:4
S. 155 – M6:738-39
S. 166 – M6:4331-33
S. 169 – M3:979
S. 183 – M5:2478
S. 188 – M3:3212

Istanbul
Bursa
Izmir
Ankara
Halys
TÜRKEI
Konya
Karaman
Antalya
Trabzon
Erzincan
Malatya
Aleppo
ZYPERN
Mittelmeer
Beirut
LIBANON
Damaskus
SYRIEN
ISRAEL
PALÄSTINA
Jerusalem
Amman
JORDANIEN
Kairo
Nil
ÄGYPTEN
SUDAN
Rotes Meer
Dschedda
Mekka
Medina
SAUDI-ARABIEN
GEORGIEN
Tiflis
Kura
RUSSLAND
ARMENIEN
Jerewan
ASERBAIDSCHAN
Baku
Aras
Choy
Täbris
Kaspisches Meer
Mossul
Tigris
Bagdad
IRAK
Kufa
Euphrat
Basra
KUWAIT
Kuwait
Persischer Golf
Manama
BAHRAIN
KATAR
Doha
Riyadh
V.A.E.
Abu Dhabi
Albors-Gebirge
Teheran
Zagros-Gebirge
Isfahan
IRAN
Yazd
Schiras
Kerman
Bandar Abbas
Golf von Oman
Maskat
OMAN
Arabisches Meer
TURKMENISTAN
Aschgabat
Neyschabur
Maschhad
Torbat-e Dscham
Merv
Amudarja
USBEKISTAN
Buchara
Samarkand
KASACHSTAN
Balch
Masar-e Scharif
Hindukusch
Herat
Harirud
Kabul
AFGHANISTAN
Hilmend
Kandahar
Quetta
PAKISTAN
Indus
Karatschi
Haidarabad
Orte, die Rumi durchreist oder in denen er gelebt hat
Orte, die unterstrichen sind, wurden vom Autor für dieses Buch besucht
0
250
500 km